ENRICO ROLLA

PIACERSI
NON PIACERE

LA VIA DELL'ASSERTIVITA'

Testi: Enrico Rolla (www.iwatson.com)
Copertina: Bookcovers
Impaginazione: La Forgia dei Libri
Redazione: Claudia Ruffino
Coordinamento Editoriale: Renato Tomba
Istituto Watson Edizioni
C.so Vinzaglio 12/bis (TO)
tel.011 5611102 fax 011 5611102
e-mail: info@iwatson.com – progetti@iwatson.com
www.iwatson.com

Stampa:
CreateSpace
CreateSpeace Indipendent Publishing Platform
www.createspace.com

Prima edizione: 1987 Torino
© by SEI-Società Editrice Internazionale (Numero Ristampe: 20)

Seconda Edizione: 2016
© Istituto Watson Edizioni
C.so Vinzaglio 12/bis, Torino 10121

Terza Edizione: 2023
© Istituto Watson Edizioni
C.so Vinzaglio 12/bis, Torino 10121

INDICE

Essere assertivi
È POSSIBILE!

Se vuoi approfondire e partecipare ai nostri
Corsi di Assertività online
scansiona il Qr-code qui sotto:

Oppure visita la pagina dedicata tramite il seguente link:
iwatson.com/corsi-assertivita-qr/

Solo per te,
UN CODICE SCONTO
da applicare in fase di acquisto
del Corso di Assertività:

qr- assertivita10

PREFAZIONE ALLA NUOVA EDIZIONE

Perché una nuova edizione? Perché questo libro, scritto nel 1987, con 20 ristampe e una seconda riedizione nel 2016, è diventato un vero e proprio long seller del settore.

Dopo 25 anni di ininterrotto successo, però, ho pensato fosse venuto il momento di una versione un po' più adeguata ai nostri tempi.

Sin dalla sua uscita, è stato, per me, un importante strumento per poter trattare il problema dell'assertività, non solo con i pazienti in studio, ma anche sui luoghi di lavoro. Infatti, grazie a questo libro, ho potuto instaurare collaborazioni importanti con Istituti bancari, aziende ed enti pubblici, presso i quali ho tenuto numerosi corsi ai dipendenti.

L'argomento, però, è sempre attuale, anzi, con le difficoltà di rapporti sempre più "spersonalizzati" dai social, e modelli troppo lontani da noi da inseguire, mi sembra ancor più necessario fornire un aiuto per cercare di vivere con maggiore serenità le nostre relazioni interpersonali.

Piacersi non piacere offre lo spunto per cercare di raggiungere un equilibrio tra noi e gli altri nella vita di tutti i giorni. Insieme analizzeremo i problemi relazionali con il *partner,* con gli amici e con i colleghi, proponendo soluzioni per ridimensionarli o annullarli.

Non è mai troppo tardi per cambiare il proprio comportamento e migliorare la qualità della propria vita!

PREFAZIONE

A tutti può succedere di emettere comportamenti non adeguati alle varie situazioni sociali. In alcuni casi possiamo subire, in altri aggredire. Spesso, ci domandiamo: "Mi sono comportato in modo corretto o avrei potuto agire diversamente?" Non è sempre facile individuare il comportamento che avremmo dovuto assumere in un determinato contesto. Una carenza di abilità sociali e una difficoltà nel gestire i rapporti interpersonali tendono a generare ansia. Molti di noi possono avere difficoltà nel gestire le critiche o nel dichiarare i propri sentimenti e stati d'animo al proprio interlocutore. Queste e altre circostanze possono creare un elevato stato di tensione e di disagio che porta a evitare alcune situazioni sociali. Apprendere a emettere adeguati comportamenti è l'obiettivo che si pone il Training Assertivo. Ma quali atteggiamenti possono essere considerati appropriati?

Subire o aggredire gli altri non lo sono, perché tendono a generare in noi e negli altri un senso di insoddisfazione o fastidio. È, quindi, necessario apprendere una diversa modalità che ci permetta di non subire né aggredire. Definiremo "assertiva" una condotta maggiormente equilibrata.

Possono essere esempi di comportamento assertivo: fare o rifiutare richieste, accettare il punto di vista altrui, iniziare una conversazione o sostenere un punto di vista diverso dal proprio interlocutore.

Il Training Assertivo è ampiamente usato nella Terapia Cognitivo Comportamentale. Questa diffusione è dovuta al fatto che più del 70% delle persone tende ad avere problemi di origine sociale e interpersonale.

Andrew Salter, sin dal 1949, è considerato un precursore del Training Assertivo, ma si deve a Joseph Wolpe, nel 1969, l'introduzione del Training Assertivo nella Terapia Cognitivo Comportamentale.

Quest'ultima è l'insieme di sperimentazione e tecnologie elaborate sulla base dei risultati della ricerca psicologica sperimentale sull'apprendimento.

Teoria e sperimentazione, a partire da Pavlov, fino ai risultati più recenti di Skinner, Miller, Eysenck e Bandura, hanno individuato le leggi fondamentali attraverso le quali l'uomo impara, acquisisce idee e comportamenti. In questo modo, è stato possibile proporre indicazioni operative per risalire agli antecedenti dei comportamenti, sia per estinguerli, sia per modificarli, sia per instaurarne di nuovi e più corretti.

Le caratteristiche della terapia del comportamento sono l'accuratezza metodologica e il rigore scientifico nell'analisi del trattamento e nel controllo dei risultati.

Il metodo sperimentale applicato al singolo caso, sia per quanto riguarda l'indagine clinica, sia per quanto riguarda la terapia, ha permesso di indicare le percentuali di successo che si ottengono nelle singole aree:

- fobie monosintomatiche (ad esempio, paura di animali, paura dell'altezza): 95%;
- fobie (ad esempio, agorafobia, paura del male): 85%;
- ossessioni e depressioni: 70%;
- ansie sociali: 70%;
- obesità: 20%;
- alcolismo: 5-10%;
- droga: irrilevanti.

La percentuale di successo, in tutti i casi trattati, si riferisce a controlli effettuati a un anno e a tre anni dal termine del trattamento.

La durata media del trattamento è stata di venti sedute.

Quando il cliente dichiara di voler apprendere a gestire alcune situazioni interpersonali che possono essere, per lui, fonte di ansia, lo psicologo comportamentista si serve abitualmente di due procedure:

1) Ripetizione del comportamento;
2) Simulazione.

Nella ripetizione del comportamento, lo psicologo imita i modi di fare delle persone che creano ansia al cliente, mentre quest'ultimo rappresenta sé stesso. Il terapeuta, individuati i comportamenti verbali e non verbali da modificare, passa alla fase successiva: la simulazione. Durante la simulazione il terapeuta assume il ruolo del cliente e gli dimostra come deve interagire nelle varie situazioni; ad esempio, gli mostrerà come affrontare le critiche, fare richieste o esprimere la propria opinione senza avvertire ansia. Ovviamente, queste abilità apprese in studio, dovranno essere impiegate nella vita quotidiana.

Spesso, nella pratica, si può osservare come sia difficile ottenere un trasferimento di abilità dallo "studio" alla vita reale. Possiamo essere convinti che nei rapporti interpersonali non sia corretto aggredire o subire l'altro o saper padroneggiare alcune abilità verbali ma, quando ci troviamo in una situazione che, per noi, è aversiva, tendiamo a emettere il nostro abituale ed "errato" comportamento.

Una persona critica il nostro operato, noi riusciamo a controllarci per un po', ma poi ci difendiamo aggredendo il nostro interlocutore.

Siamo a una riunione e qualcuno fa affermazioni che non condividiamo; per un po' rimaniamo calmi ad ascoltare, ma poi iniziamo a provare tensione e rabbia.

Se proviamo rancore per una determinata persona, come possiamo, in sua presenza, emettere un comportamento assertivo?

Se invidiamo un nostro amico per i suoi successi, riusciamo, in sua presenza, a rimanere tranquilli e rilassati?

Provare rancore o invidia per qualcuno può derivare da un nostro errato modo di pensare, o dal possesso di rigidi "presupposti" che non ci permettono di modificare il nostro comportamento e, quindi, di emetterne uno assertivo.

Nel libro si considerano due repertori di comportamenti che tra loro interagiscono costantemente:

1) quelli verbali e non verbali, cioè le abilità necessarie a facilitare la comunicazione interpersonale;
2) quello cognitivo, cioè il "bagaglio" delle nostre convinzioni, che possono incidere in modo rilevante sui nostri rapporti interpersonali.

Un nostro "fallimento" nelle relazioni sociali può attivare pensieri disturbanti e negativi, tanto da poter "rovinare" una nostra futura prestazione.

STILI DI COMPORTAMENTO

IL COMPORTAMENTO ASSERTIVO

Un amico fa una richiesta che vorremmo rifiutare, ma diciamo ugualmente di "sì".

Ci fanno un complimento, proviamo imbarazzo e non siamo in grado di rispondere.

Al ristorante ci portano del vino cattivo e noi non riusciamo a rimandarlo indietro.

Un conoscente fa un'affermazione che non condividiamo, vorremmo dire il nostro punto di vista, ma tacciamo.

Un superiore critica il nostro operato, vorremmo avere maggiori chiarimenti, ma non ribattiamo.

Subire gli altri, non essere in grado di dire la propria opinione, avere difficoltà nel prendere decisioni, pensare che gli altri siano migliori di noi, avere paura del giudizio altrui e desiderare la loro approvazione, non essere in grado di dire "no" a una richiesta: tutto ciò sta a indicare uno stile di comportamento "passivo". Può succedere che la persona passiva si comporti in maniera "aggressiva", per sentirsi, subito dopo, colpevole e, quindi, ritornare al suo comportamento abituale, quello passivo. Subire genera un elevato senso di frustrazione, la persona si sente impotente e tende a isolarsi.

Sentiamo e usiamo spesso frasi del tipo: "Possibile che tu non sia mai in grado di fare nulla di buono?", "Io mi aspettavo ben altro da te", "Se tu fossi realmente mio amico, ti comporteresti in un altro modo", "Tu sai quanto ti sia affezionato e ciò che sto dicendo è solo per il tuo bene", "Nel dire queste cose so di essere nel giusto", "Le cose non vanno bene sul lavoro e ciò è dovuto al fatto che ho dei collaboratori inetti". Fare violenza ai diritti altrui, essere convinti di non sbagliare, attribuire i propri errori agli altri, iper valutarsi, non accettare punti di vista diversi, non cambiare la propria opinione anche di fronte all'evidenza dei fatti, colpevolizzare e inferiorizzare, arrogarsi il diritto di giudicare... questi sono i comportamenti tipici della persona "aggressiva".

L'assertivo si colloca tra l'aggressivo e il passivo. È colui che non fa violenza sugli altri, ma non permette che gli altri la attuino nei suoi confronti. Accetta il punto di vista altrui, è pronto a modificare la propria opinione, non pretende che gli altri si comportino come vorrebbe lui, li rispetta e non è possessivo nei loro confronti, non giudica.

È un comportamento assertivo usare "l'io", mentre è aggressivo usare il "tu". Possiamo dire: "Non mi piace. Non ho voglia. Non mi trovo a mio agio", perché stiamo comunicando delle sensazioni che proviamo, e questo è corretto. È aggressivo dire: "Tu mi fai stare male. Tu non mi capisci", perché stiamo attribuendo agli altri il nostro disagio, quando invece è solo "nostro".

Vi starete chiedendo se esiste realmente una persona "assertiva". Ebbene, penso vi sia capitato di trovare qualcuno con cui poter parlare liberamente, senza paura di essere criticati o aggrediti. Se lo avete incontrato, allora sapete che, anche se in minima percentuale, quel tipo di persona esiste.

La distinzione tra i vari tipi di comportamento (passivo, aggressivo, assertivo) è, in sé stessa, di natura prevalentemente teorica. Spesso, noi slittiamo tra uno e l'altro. In una determinata situazione possiamo essere assertivi e in un'altra aggressivi. Un individuo può essere assertivo sul lavoro, avendo appreso che l'essere aggressivo ha spesso la conseguenza di essergli svantaggioso. Ma se lo osserviamo quando arriva a casa, possiamo vedere che diventa aggressivo con la moglie e con i figli. Il nostro comportamento tende, infatti, a essere situazionale.

13

LE STRATEGIE MANIPOLATIVE

Si possono individuare, prevalentemente, tre tipi di comportamenti manipolativi. Probabilmente, tutti noi ne abbiamo subiti o ne usiamo alcuni. Essi sono:

1) Il comportamento *colpevolizzante*;
2) Il comportamento *inferiorizzante*;
3) Il comportamento *imprevedibile*.

La figlia, ormai adulta, è uscita con gli amici dopo cena e arriva a casa a un'ora che la madre non approva. Quando la ragazza rincasa, la donna la rimprovera: "Se non arrivi a casa all'ora stabilita, io non riesco a dormire e sto male".

Un amico ci chiede un favore, noi rifiutiamo e lui dice: "Non mi aspettavo un rifiuto da parte tua, tu hai sempre potuto contare su di me, non è certo un comportamento da amico il tuo".

Il padre vorrebbe che il figlio, ormai sposato, andasse a trovarlo più spesso e, quando il figlio telefona, lo riprende: "Ti rendi conto che è da una settimana che non mi telefoni? Potrei star male e nessuno si prende cura di me".

Questi sono solo pochi esempi tratti dalle molte possibili frasi colpevolizzanti che di frequente usiamo.

Chi usa tale comportamento spera di ottenere:

1. *Un'eventuale riduzione del proprio disagio*. Questo è il caso della madre preoccupata per il ritardo della figlia. Osserviamo lo schema seguente:

    a) quando la figlia è fuori casa, la madre si preoccupa e prova un intenso disagio;
    b) lo attribuisce al comportamento della ragazza;
    c) la colpevolizza dicendole: "mi fai star male";

d) la figlia, quando è fuori casa, si sente in colpa pensando alla madre che la sta aspettando. Guarda frequentemente l'ora e il malessere aumenta;
e) pone fine alla propria inquietudine arrivando a casa in orario;
f) quando si comporta in questo modo è considerata una "brava" figlia.

2. *Ottenere dagli altri ciò che vogliamo.* È il caso in cui si cerca di prevenire il rifiuto di un amico nel farci un favore. In questa situazione, chi usa la colpevolizzazione, non necessariamente sta provando disagio. La usa perché è convinto di poter ottenere ciò che vuole, in quanto l'amico, sentendosi colpevole, cederà alle sue richieste.

Chi è colpevolizzato può reagire nei seguenti modi:
1) provare un elevato disagio e, per ridurlo, subire. Seguirà un senso di frustrazione e di impotenza, legati a una valutazione negativa di sé stessi;
2) provare disagio, ma sa gestire la manipolazione. Se, successivamente, si sentirà colpevole, è probabile che, in futuro, ritorni a un comportamento passivo;
3) provare disagio e diventare aggressivi con chi colpevolizza. In tal modo si interrompe il rapporto;
4) non accettare la manipolazione e rimanere sulle proprie posizioni senza aggredire o sentirsi colpevoli (comportamento assertivo).

Il genitore rimprovera il figlio che ha delle difficoltà a scuola: "Possibile che tu non riesca a imparare cose così semplici, non vedi che tutti gli altri ci riescono?"

Il marito raccomanda alla moglie: "Questa sera dobbiamo andare a trovare alcuni amici, cerca di non fare affermazioni stupide, piuttosto, sta' zitta".

Il figlio, che lavora con il padre, spesso si sente ripetere: "Tu non devi prendere decisioni, quando lo fai sbagli sempre".

Chi aggredisce può ottenere:

1) una dipendenza: la persona inferiorizzata tende a dipendere da altri nel prendere decisioni.

Chi subisce tende a sviluppare:

1) una valutazione negativa di sé stesso;
2) la paura di sbagliare e, quindi, il bisogno dell'approvazione altrui;
3) la paura del giudizio.

Quando i genitori, nell'educare il figlio lo biasimano di frequente, forgeranno un uomo che sarà sempre insicuro e indeciso.

Questo può essere il caso del signor Luigi, di 50 anni. Mi riferisce di non essere più in grado di mantenere l'attività commerciale che svolge da circa trent'anni. Mi stupisco di questa sua affermazione. Luigi aggiunge che l'attività è sempre stata gestita dal padre, che non gli ha mai permesso di prendere decisioni, asserendo che non ne fosse in grado e che ogni sua decisione fosse sbagliata. Il padre, all'età di ottant'anni, si è ritirato dal lavoro e si è trasferito in una località di mare. Ora Luigi, quando deve decidere qualcosa, gli telefona, pur sapendo che non è più in grado di dare consigli validi ma, nonostante ciò, lui lo chiama perché ha sempre paura di sbagliare. Passa molto tempo a riflettere e poi, dopo aver deciso, non è mai convinto della correttezza della scelta.

Spesso, chi colpevolizza, giustifica il proprio comportamento dicendo che lo fa solo per il bene dell'altro; ciò può anche essere vero ma, in ogni caso, è molto "spiacevole" per chi subisce. Un'altra fonte di disagio si verifica quando le persone con cui siamo in contatto emettono un comportamento non costante. Questa modalità può non figurare, propriamente, come strategia manipolativa ma, in ogni caso, chi la subisce si sente in difficoltà.

Il padre arriva a casa dal lavoro e si mette a giocare con il figlio di 3 anni. Il bambino ha appreso che, appena il padre rientra, può corrergli incontro per farsi prendere in braccio e giocare con lui. Oggi l'uomo ha avuto problemi sul lavoro e, quando torna e il bambino gli corre incontro, lo allontana. Lo stesso comportamento da parte del figlio, una volta viene premiato e una volta punito. Il piccolo, quindi, non sa più come comportarsi, se correre incontro al papà o aspettare; dovrà stare attento alla comunicazione non verbale dell'uomo e, solo se lo vedrà allegro e sorridente, potrà avvicinarsi a lui. Questa costante attenzione genera uno stato d'ansia permanente.

Mi trovo a casa di amici. Prima di cena, chiacchiero con il mio amico e sua moglie, mentre il figlio di sei anni sta disegnando. Dopo circa 15 minuti, il bambino porta alla madre un disegno, che lei osserva, poi gli dice che è stato bravo e lo invita a farne un altro. La donna si sposta in cucina per terminare di preparare la cena e, mentre sta cucinando, il bambino le porta a vedere un altro disegno. La mamma, che non vuole essere disturbata, gli dice: "Non vedi che adesso ho da fare, va via!" Il bambino ritorna in sala, prende il foglio, ne fa una palla e la scaglia addosso al padre. Questi si alza e gli dà uno schiaffo, mandandolo in camera sua.

Dopo poco, dalla cameretta provengono forti rumori: è il bambino che sta prendendo a calci i suoi giocattoli. Il padre ribadisce: "Guarda che figlio mi ritrovo. Basta un nonnulla per farlo arrabbiare!"

Schematizziamo la sequenza:

1) il bambino porta a vedere il disegno alla madre che sta parlando;
2) la madre gratifica il figlio e lo invita a farne un altro;
3) il bambino torna da lei con il nuovo disegno;
4) la donna, che sta cucinando, lo allontana (punizione);
5) il bambino è stato premiato e punito per lo stesso comportamento;
6) si sente frustrato;
7) scaglia il disegno contro il padre e viene picchiato;
8) va il camera sua e prende a calci i suoi giochi (aggressività dislocata).

Quando lo stesso comportamento che emettiamo, una volta viene premiato e un'altra punito, non siamo più in grado di comprendere quale sia quello corretto. Questa indecisione crea un profondo malessere, a cui può far seguito un modo di agire aggressivo o passivo.

Abbiamo visto come il bambino sia giunto a emettere un comportamento di aggressività dislocata, il che è abbastanza frequente: sul lavoro siamo stati criticati da un superiore e, appena giunti a casa, ce la prendiamo con la moglie o con i figli.

LE ABILITA' SOCIALI

Saper gestire una conversazione, guardare in viso il proprio interlocutore mentre stiamo parlando, dichiarare la nostra simpatia per qualcuno, prendere la parola al momento giusto in un incontro tra diverse persone, parlare in pubblico; queste sono alcune delle abilità sociali che ci permettono, se le possediamo, di vivere meglio le situazioni di interazione che, quotidianamente, dobbiamo affrontare.

Nel fronteggiare una situazione, emettiamo dei comportamenti; ognuno di noi può essere osservato secondo tre dimensioni, ognuna delle quali presenta un carattere di sistema:

1) *il sistema motorio*. Quando osserviamo una persona, possiamo verificare se, in una determinata situazione, alza il tono della voce, aggredisce o si isola;

2) *il sistema fisiologico-emozionale*. Ognuno di noi, in una determinata situazione aversiva, attiva le proprie risposte emozionali, chi avverte tachicardia, chi sudorazione o crampi allo stomaco;

3) *il sistema cognitivo*. È il nostro bagaglio di credenze.

Stiamo per andare a un appuntamento di lavoro, che per noi è importante. Possiamo emettere due tipi di sequenze di risposte.

I sequenza:

a) livello cognitivo. Ci diciamo: devo fare bella figura perché, per me, è importante ottenere quel posto; chissà come sarà la persona con cui devo parlare, speriamo non sia aggressiva;

b) livello emozionale. Iniziamo ad avvertire sudorazione, ancor prima di incontrare il nostro interlocutore. Proviamo disagio;

c) livello motorio. In sua presenza siamo impacciati e non rispondiamo in modo adeguato.

II sequenza:

a) livello cognitivo. Ci diciamo: vado a fare le mie proposte e sentirò cosa hanno da offrirmi;

b) livello emozionale. Non si attivano risposte fisiologiche;

c) livello motorio. Facciamo le nostre proposte e ascoltiamo il nostro interlocutore. Valutiamo se le risposte sono quelle che ci aspettavamo.

Spesso, l'anticipazione contraria degli eventi, attiva in noi risposte emozionali negative che influiscono sulla nostra prestazione.

Il comportamento sociale di una persona è il risultato di un apprendimento. Può essere appreso per imitazione da quello dei genitori, dei coetanei o degli adulti significativi. Il bambino può venir "modellato" dall'ambiente in cui vive e gli esempi di comportamento sociale appresi tenderanno a essere replicati in altre situazioni simili. Il figlio di un genitore aggressivo, molto probabilmente, potrà diventare un individuo passivo o aggressivo, molto difficilmente un assertivo.

Abbiamo precedentemente visto come alcune strategie manipolative tendano a inibire chi le subisce. Un bambino che è stato sistematicamente inferiorizzato dal padre orienterà, facilmente, il proprio comportamento in senso passivo. Se un padre, agendo in maniera aggressiva, raggiunge determinati obiettivi quali il successo sociale o il "rispetto" dei suoi dipendenti, trasmetterà al figlio un atteggiamento similare.

Più riusciamo a padroneggiare il nostro comportamento e, quindi, a gestire le situazioni senza provare disagio, meglio possiamo vivere. Dovremmo essere in grado di farlo quando:

- siamo da soli o in compagnia;
- subiamo critiche o riceviamo complimenti;
- siamo ignorati in un gruppo o ci troviamo al centro dell'attenzione;
- siamo in un ambiente lussuoso o in uno modesto;
- siamo in compagnia di persone "semplici" o di persone "importanti";
- siamo in compagnia di persone aggressive o passive.

Vi possono essere molte altre situazioni in cui possiamo avvertire fastidio, ma possiamo superarlo affrontandolo e imparando a padroneggiare determinati comportamenti.

Nel capitolo successivo vedremo quali sono le abilità da acquisire per raggiungere questo obiettivo. È del tutto naturale che si tendano a evitare le situazioni che ci creano disagio, ma l'evitamento è un circolo vizioso da cui, poi, diventa difficile uscire.

LA COMUNICAZIONE ASSERTIVA

LA COMUNICAZIONE NON VERBALE

Vi sarà, sicuramente, capitato di parlare con qualcuno che non vi guarda negli occhi. Il suo sguardo vaga in diverse direzioni e voi non riuscite a "catturarlo". Questa è una situazione che crea disagio, perché diventa difficile capire se ciò che state dicendo interessa o meno al vostro interlocutore. La capacità di stabilire un "contatto oculare" è una componente molto importante del comportamento sociale non verbale.

Le persone tendenzialmente passive presentano una certa difficoltà nel mantenere il contatto oculare. Loro interpretano "essere guardati" come "essere valutati", quindi, per allentare la tensione interrompono l'interazione non verbale, che in questo caso è costituita dal contatto visivo. Altri evitano di mantenerlo in maniera prolungata per il timore di essere giudicati "invadenti".

Normalmente, mentre si ascolta, si usa lo sguardo con una frequenza quasi doppia rispetto a quando si parla.

Chi è in grado di mantenere un buon contatto oculare tende ad apparire come una persona aperta e sicura di ciò che sta dicendo. In questo modo, si dice a una persona che troviamo attraente, che ci piace. Non è assolutamente necessario ricorrere alle parole per dimostrare il proprio interesse.

Oltre a questa componente importante della comunicazione interpersonale, gli altri comportamenti non verbali sono:

- espressione del volto;
- gestualità;
- atteggiamento corporeo;

22

- gestione dello spazio interpersonale;
- tono e volume della voce;
- contatto fisico;
- sincronizzazione.

Espressione del volto

Le espressioni del volto ci forniscono informazioni piuttosto precise su ciò che stiamo pensando o affermando; attraverso la mimica si manifestano le emozioni che si stanno provando. Un buon attore è in grado di fare proprio questo; era sufficiente che Eduardo De Filippo guardasse il pubblico e atteggiasse il viso in un certo modo per comunicare immediatamente lo stato d'animo e le emozioni del personaggio che interpretava. Gli individui con scarse abilità sociali presentano ridotte espressioni mimiche. Gli individui passivi o aggressivi, spesso, mostrano un'espressione statica, mentre al nostro comportamento verbale deve corrispondere una mimica adeguata.

Tempo addietro addestravo un mio cliente a fare complimenti, soprattutto alla moglie, alla quale non ne aveva mai fatti. Quando è tornato, dopo alcuni giorni, mi dice: "Fare i complimenti non funziona". Gli chiedo il perché di questa affermazione e mi risponde: "Ieri mia moglie ha indossato un vestito nuovo che le stava molto bene. Le ho detto: 'Hai proprio un bel vestito!' e lei, seccata, ha ribattuto: 'Se devi farmi un complimento con quella faccia, è meglio che tu non dica nulla'".

È ovvio che non ci fosse correlazione tra il complimento e l'espressione del viso.

È proprio quest'ultima a sottolineare ed enfatizzare i nostri pensieri, i nostri sentimenti e le nostre sensazioni. Le persone molto controllate mantengono un atteggiamento "impassibile", non comunicando mai le loro emozioni, per cui, di fronte a loro, proviamo un senso di disagio e tendiamo a non fidarci. Questa

23

forma di autocontrollo tende a essere un evitamento ad aprirsi con gli altri e, quindi, riduce la comunicazione.

Chi possiede buone abilità sociali è in grado di discriminare ogni variazione emotiva del proprio interlocutore. Per diventare assertivi ci si deve addestrare a osservare e a decodificare le emozioni espresse dai visi altrui. Gli aggressivi, infatti, non prestano attenzione agli altri e i passivi, in quanto provano disagio durante i rapporti interpersonali, evitano il contatto visivo.

Gestualità

Per gestualità intendiamo i movimenti delle mani o di altre parti del corpo.

Parlando usiamo le mani per sottolineare ciò che stiamo dicendo e per meglio chiarire il contenuto del discorso. I gesti possono assolvere due funzioni:

1) descrittiva. Si forniscono informazioni sulle azioni, forme, dimensioni, etc.;
2) enfatica. Chi parla sottolinea e accentua parti del suo discorso.

In situazioni di grande tensione, la gestualità non è più funzionale alla comunicazione. Quando siamo nervosi, iniziamo a stringere le mani una con l'altra o a giocherellare con gli anelli. Tale modalità rivela solo la presenza di un'elevata ansia sociale.

Anche i gesti che effettuiamo con il capo hanno un ruolo importante nella comunicazione, in quanto possono incoraggiare chi sta parlando o esprimere approvazione e assenso.

Quando ci sentiamo a nostro agio in un determinato contesto, manteniamo tutto il corpo rilassato. Se siamo seduti ci appoggiamo allo schienale, poniamo gli arti in una posizione asimmetrica, le mani, il collo e il viso sono distesi. Al contrario, una postura simmetrica e rigida indica uno stato di tensione.

Con l'atteggiamento corporeo possiamo manifestare un senso di superiorità o di inferiorità.

Provate a immaginare qualcuno che voglia dimostrare la propria superiorità. Non è necessario che inizi a parlare: se è seduta si appoggia allo schienale, reclina il capo all'indietro sollevando il mento, lo sguardo è fisso e sulle labbra non appare l'ombra di un sorriso. Queste sono tutte strategie di comportamento manipolativo non verbale che hanno lo scopo di creare disagio nel proprio interlocutore.

Gestione dello spazio interpersonale

Vi sarà capitato di trovarvi a dialogare con qualcuno che vi parla "addosso". Siete in piedi, l'uno di fronte all'altro e, quando iniziate a parlare, lui si avvicina e se voi fate un passo indietro, lui continua a farsi più vicino. Avvertite disagio e l'unico comportamento che potete emettere è quello di allontanarvi dal vostro interlocutore, fino a trovarvi con le spalle al muro. Bene, la persona con cui state parlando o è un arabo o è un italiano aggressivo. Nella nostra cultura, durante la conversazione la distanza ottimale è di circa un metro; ci avviciniamo a circa 30 cm quando dobbiamo dire qualche cosa "in confidenza". In altri paesi, come in Arabia Saudita, la distanza durante la conversazione è molto più ravvicinata.

Le persone passive tendono a mantenersi a una distanza superiore al metro, mentre gli aggressivi tendono ad avvicinarsi.

Tono e volume della voce

Attraverso il tono e il volume della voce possiamo comunicare il nostro stato d'animo e le nostre emozioni o enfatizzare alcune parti del discorso. Una persona aggressiva alza il tono della voce o usa un tono "duro" se sta criticando qualcuno. Un soggetto ansioso parla più velocemente del normale. Una persona passiva usa un tono di voce basso, non adeguato a ciò che sta dicendo, ma che esprime il proprio stato d'animo.

Contatto fisico

Il contatto fisico mira, generalmente, a stabilire un senso di intimità e solidarietà. Stringere la mano a un amico o baciarlo, prenderlo sotto braccio mentre si sta passeggiando, può facilitare la comunicazione o, al contrario, creare disagio al nostro interlocutore se è una persona che presenta ansie sociali.

Vi sono, inoltre, contatti fisici che non sono funzionali alla comunicazione, ad esempio, quando un amico, durante una chiacchierata, inizia a toccarvi la cravatta o a "spulciarvi" la giacca.

Sincronizzazione

State parlando con un amico e questo vi interrompe spesso, non lasciandovi terminare il vostro discorso. Siete a una riunione con un gruppo di colleghi, ma non trovate mai il momento o il tempo giusto per prendere la parola. Questi sono esempi di "timing" errato. Affinché si abbia una reale comunicazione è necessario che vi sia sincronizzazione tra i comportamenti verbali di due o più individui. Il "timing" è regolato da segnali non verbali che ci avvisano quando il nostro intervento deve terminare o quando c'è una richiesta di intervento da parte di qualcun altro.

La persona passiva trova sempre difficoltà a inserirsi in una conversazione. Quella aggressiva non lascia "spazio" agli interventi altrui.

Perché vi sia comunicazione, è importante che si presti costante attenzione al *feedback*. È necessario osservare il volto dell'interlocutore per vedere se comprende ciò che stiamo dicendo o se è interessato al nostro discorso. Questa costante monitoraggio delle informazioni di ritorno, ci permette di modificare in maniera adeguata la forma o il contenuto del discorso.

LA FUNZIONE ESPRESSIVA DELLA COMUNICAZIONE NON VERBALE

Alcuni psicologi sociali hanno riscontrato che, nel manifestare atteggiamenti di superiorità, ostilità o amicizia, l'effetto della comunicazione non verbale è superiore di circa quattro volte all'effetto che si ottiene con il comportamento verbale. Quindi, la principale funzione del comportamento non verbale è quella di esprimere gli stati d'animo e le emozioni legate all'interazione sociale. Ovviamente, nella comunicazione, per ottenere una valida interazione è necessario che quest'ultimo sia congruente a quello verbale. Una persona può dichiararci la sua amicizia ma, se quando la incontriamo non ci dimostra piacere, non ci sorride e si mantiene distante da noi evitando ogni forma di contatto fisico, beh, non sembra proprio essere un grande amico!

Oltre ai comportamenti non verbali già analizzati, nel trasmettere la nostra immagine, possono assumere un ruolo importante anche l'abbigliamento, la pettinatura, il nostro modo di camminare, di muoverci, di sederci, etc.

Le persone in possesso di abilità non verbali sono più predisposte a "discriminare" le informazioni retroattive, per poi utilizzarle nella situazione interpersonale. Nella percezione delle informazioni non verbali si possono individuare due principali capacità:

1) decodificare le intenzioni, le emozioni, lo stato d'animo e gli atteggiamenti interpersonali;
2) comprendere lo stato sociale e il ruolo del nostro interlocutore.

Come possiamo incrementare le nostre abilità non verbali?
In quasi tutte le persone è presente la "paura dell'estraneo". Ad alimentare il disagio che proviamo nei rapporti interpersonali può influire la paura del giudizio o l'ansia di voler fare una "bella figura". In ogni caso, ciò che è importante, è ridurre il nostro malessere, senza ricorrere all'evitamento.
Vediamo i passi che possiamo seguire:

1) apprendere a discriminare gli stili di comportamento. Per fare ciò iniziamo da situazioni non troppo coinvolgenti a livello emozionale, nelle quali è quasi impossibile farlo. Osserviamo attentamente il comportamento non verbale di alcune persone. Valutiamo se sono aggressive, passive o assertive. Individuiamo il loro stile di interazione, come guardano gli altri, la loro mimica, etc., identifichiamo il loro ruolo e stato sociale. Può essere utile servirsi di alcuni programmi televisivi come, ad esempio, i talk show, in cui, spesso, troviamo comportamenti sociali che è preferibile non emettere;
2) individuare le aree del comportamento non verbale in cui siamo deficitari e iniziare ad addestrarci. Se siamo carenti nel contatto oculare cerchiamo di mantenerlo con coloro che ci causano meno imbarazzo. Successivamente, potremo provare a mantenerlo con coloro che ci disturbano come, ad esempio, gli aggressivi. All'inizio proveremo disagio ma, col

tempo e con l'esercizio, si ridurrà. Questo tipo di *training* dovrà essere intrapreso in modo graduale; si passerà alla situazione successiva solo quando si controllerà bene quella precedente.

Nel nostro *training* dovrà esserci sempre una costante interazione tra apprendimento discriminativo e incremento di abilità. Un esercizio utile è quello di utilizzare uno specchio o, meglio ancora, riprendersi col cellulare. Proviamo ad assumere un'aria arrogante e controlliamo se stiamo davvero comunicando questo atteggiamento.

Un mio cliente aveva problemi con le persone arroganti che, per lavoro, doveva incontrare di frequente. In loro presenza provava un'elevata tensione che non gli permetteva di esprimersi al meglio. Si era allenato a identificare i loro comportamenti non verbali, comportamenti che poi provava lui stesso. Dopo alcune settimane, mi racconta: "Sono andato a trovare uno dei clienti che mi causavano tanto disagio; appena sono entrato, lui era seduto alla sua scrivania e ha iniziato a emettere tutto il suo "rituale" non verbale. Questa volta mi è venuto da sorridere perché avevo provato su di me la stessa sequenza". Quando siamo in grado di classificare un'intera successione di comportamenti, stiamo già muovendo i primi passi verso il controllo del nostro disagio.

LA COMUNICAZIONE VERBALE

Possedere buone abilità sociali implica una comunicazione verbale di tipo assertivo. Il soggetto assertivo, oltre a emettere comportamenti non verbali adeguati alle varie situazioni, è in grado di:

l) esprimere apertamente la propria opinione;
2) accettare e fare complimenti;
3) fare e rifiutare richieste;
4) gestire le critiche manipolative senza avvertire disagio o sentirsi in colpa;
5) ascoltare attentamente quando il proprio interlocutore sta parlando;
6) richiedere critiche costruttive;
7) accettare il punto di vista altrui.

Queste abilità possono essere acquisite mediante precisi comportamenti verbali di interazione. Le principali tecniche che, tradizionalmente, fanno parte del comportamento verbale assertivo sono:

1) tecniche assertive nella conversazione;
2) "espressione positiva";
3) fare e rifiutare richieste;
4) tecnica del "disco rotto";
5) "annebbiamento";
6) "asserzione negativa";
7) "inchiesta negativa".

Tecniche assertive nella comunicazione

Osserviamo un dialogo tra due amici:

- Anche quest'anno sei andato in vacanza al mare?
- Sì, come l'anno scorso.
- Hai fatto molta vela?
- Sì.

Come potete vedere, chi risponde dà poche informazioni e, quindi, diventa difficile gestire una conversazione. Spesso, si inizia un dialogo ponendo delle "domande chiuse", alle quali si può rispondere solo con un "sì" o con un "no". Alla domanda: "Anche quest'anno sei andato in vacanza al mare?", la risposta non può che essere sì o no. Insistere, ponendo solo domande chiuse, però, limita la conversazione e tende a porre fine alla comunicazione. Tali tipologie di domande possono essere utili all'inizio ma, poi, è necessario farle seguire dalle "domande aperte", quelle che iniziano con "Perché...?", "Come...?", "Cosa...?". Domandare, però, non è sufficiente a stabilire un dialogo, altrimenti sarebbe un'intervista.

Un'ulteriore abilità è quella di dare o ricevere "libere informazioni", ovvero, quelle non richieste specificatamente dalla domanda. La persona assertiva riconosce immediatamente, dai semplici indizi forniti dal suo interlocutore, ciò che è importante o interessante per lui e vi presta immediata attenzione. Attenzione che può essere espressa anche solo in modo non verbale, guardando in viso la persona con cui sta parlando e facendo dei cenni d'assenso con il capo.

Coloro che hanno scarse abilità sociali, invece, hanno difficoltà nel coglierle. I passivi raramente danno spiegazioni spontaneamente, ritenendo che ciò che possono dire non interessi gli altri. In ogni caso, anche quando riconosciamo una libera informazione, ma non vogliamo iniziare una discussione su quel particolare argomento, possiamo lasciarla cadere.

Inoltre, possiamo trasmettere al nostro interlocutore notizie in merito al nostro stile di vita, al nostro modo di pensare, parlando di noi stessi e della nostra vita. Questa attitudine viene definita "autoapertura". Stiamo attenti, però, a non parlare solo in modo positivo di noi stessi al fine di metterci "in mostra": non è un comportamento molto assertivo!

Vediamo come avrebbe dovuto svolgersi il dialogo precedente:

- Anche quest'anno sei andato in vacanza al mare? (Domanda chiusa).
- Sì, e ho fatto molta vela. (Libera informazione).
- Hai trovato delle buone giornate di vento? (Domanda chiusa, ma vi è l'aggancio alla precedente libera informazione).
- Un giorno, uscendo in mare, ho trovato un vento veramente forte e ho passato momenti in cui ho avuto paura; poi, superato il primo impatto, ho provato quasi uno stato di eccitazione. (Autoapertura).
- Capisco bene cosa intendi, anche a me è capitato, a volte, di avvertire quella sensazione di paura e di piacere insieme. (Libera informazione e autoapertura).

In questo dialogo i due amici usano sia la libera informazione che l'autoapertura. In tal modo la comunicazione può procedere in modo fluido e c'è sincronizzazione tra i comportamenti verbali.

Espressione positiva

Esprimere apertamente la simpatia che si prova verso qualcuno, fare un complimento a una persona dalla quale ci si sente attratti, sono esempi di espressioni positive che alcuni non riescono a manifestare. Per loro può essere causa di imbarazzo anche ricevere complimenti. Possedere questa abilità, invece, tende a migliorare il contatto sociale e a creare una situazione di interazione piacevole.

Il "buon manager" tende a sottolineare gli aspetti positivi dei suoi collaboratori. Così facendo crea un ambiente in cui è piacevole lavorare e aumenta la loro produttività. I manager aggressivi hanno la tendenza a usare solo espressioni negative (critiche) sperando di ottenere un incremento di "produttività" ma, al contrario, ottengono solo un incremento di frustrazione. Si instaura un circolo vizioso: più i collaboratori si sentono frustrati, meno lavorano e, meno producono, più vengono aggrediti.

Fare e rifiutare richieste

Le persone non assertive evitano di fare richieste per paura di andare incontro a un rifiuto o per la convinzione che non sia "educato" disturbare gli altri. Alcuni non sono in grado di accettare un rifiuto. Spesso, vi è l'errata convinzione che siano gli altri a dover capire di cosa si ha bisogno; questo comportamento emerge, prevalentemente, nei rapporti più intimi, tra genitori e figli o nella coppia.

Fare richieste serve a rafforzare i rapporti personali, in quanto ci permette di comunicare i nostri desideri o bisogni.

Il saper rifiutare è esattamente speculare, in quanto rifiutando qualcosa dichiariamo fino a che punto siamo disponibili. Facendo e rifiutando richieste diamo agli altri chiare informazioni su noi stessi.

Tecnica del "disco rotto"

Un amico ci fa una richiesta e noi rifiutiamo. Lui inizia a colpevolizzarci con frasi del tipo: "Non me lo aspettavo da te...". In questi casi, non è sufficiente declinare la richiesta, ma è necessario usare la tecnica del "disco rotto", cioè ripetere con calma il proprio punto di vista, usando sempre le stesse parole, senza farsi coinvolgere dalle strategie manipolative dell'altro.

In queste situazioni è importante non giustificare il proprio rifiuto e, l'utilizzo del "disco rotto", ci permette di proteggerci dalla manipolazione altrui e di non dimenticare l'obiettivo che vogliamo raggiungere.

Se, come obiettivo, vogliamo liberarci da un venditore insistente perché non vogliamo acquistare nulla, dobbiamo ripetere con calma: "Non sono interessato". È una tecnica utile, che ho iniziato ad adottare dopo aver comperato, dai venditori ambulanti, una quantità notevole di saponette e deodoranti che, regolarmente, non usavo.

La medesima tecnica può essere usata in contesti diversi. Ad esempio, quando chiediamo ciò che è nostro diritto esigere. Se abbiamo acquistato un oggetto che si rivela guasto, è un nostro diritto farcelo sostituire. Probabilmente, il negoziante cercherà di non farlo, ma noi dovremmo continuare a insistere con calma.

"Annebbiamento"

Questa capacità consente di accettare la critica che ci viene rivolta ammettendo che vi possa essere del vero. Se chi ci critica è una persona tendenzialmente aggressiva, contraddirla non farà che incrementare la sua aggressività, e ciò creerà solo uno sterile prolungamento della discussione. In questi casi, è meglio usare frasi del tipo: "Probabilmente hai ragione" oppure "Capisco il tuo punto di vista". Può anche essere utile l'utilizzo della "parafrasi" che permette a chi è criticato di prendere tempo e, quindi, di ridurre il proprio disagio, mentre chi critica si sente capito. Vediamo il seguente dialogo:

- "È possibile che quando ho bisogno di te, tu non sia mai disponibile?" (Critica manipolativa).
- "Tu mi stai dicendo che quando hai bisogno di me non ci sono mai, vero?" (Parafrasi, si accetta l'affermazione dell'altro senza giustificarsi).

Dopo che il nostro interlocutore si è "calmato" il dialogo può iniziare, e potremo capire ciò che lui si aspetta da noi e chiarire ciò che noi siamo in grado di dargli.

"Asserzione negativa"

Con "asserzione negativa" intendiamo l'affermazione con cui ammettiamo il nostro errore, dichiarandoci del tutto d'accordo con chi ci critica. Le persone aggressive tendono a non riconoscere i propri errori e a non scusarsi. Un comportamento assertivo è quello di riconoscere di aver sbagliato e chiedere scusa. Ad esempio:

- "Ieri ti sei comportato male con Aldo".
- "È vero, ora me ne rendo conto, gli telefonerò per scusarmi". (Asserzione negativa).

L'asserzione negativa riduce l'ostilità di chi critica e tende a estinguere la manipolazione.

"Inchiesta negativa"

Spesso, chi critica tende a darci informazioni generiche. Ciò non ci aiuta a comprendere dove abbiamo sbagliato e, quindi, a migliorarci. Con l'inchiesta negativa si sollecita una critica più precisa e dettagliata. Se la critica è manipolativa, l'inchiesta negativa vi pone termine portando l'altro a trasformare la critica in un discorso costruttivo. Vediamo il seguente dialogo tra un dirigente e la sua nuova segretaria:

DIRIGENTE: Questa lettera non va bene! (Critica manipolativa).
SEGRETARIA: Per favore, mi può indicare il punto in cui non va bene? (Inchiesta negativa).
DIRIGENTE: È possibile che debba spiegarle cose tanto banali? (Critica manipolativa).
SEGRETARIA: Per favore, mi indichi, esattamente, dove ho sbagliato. (Inchiesta negativa e disco rotto).

DIRIGENTE: (Indicando un punto della lettera) Ha sbagliato in questa parte. (Critica costruttiva).
SEGRETARIA: Non ci sono altre parti non chiare? (Inchiesta negativa).
DIRIGENTE: No, il resto va bene.

Spesso, nella normale conversazione, si usano più tecniche insieme.

LA GESTIONE DELLE CRITICHE

Come tendiamo a comportarci quando siamo criticati? Reagiamo nello stesso modo a tutti i tipi di giudizio?

Abbiamo visto che le critiche possono essere di due tipi: costruttive o manipolative.

Sono critiche "costruttive" quelle che contengono informazioni che possono esserci utili, favoriscono il dialogo e lo scambio di opinioni.

Le critiche "manipolative", invece, sono generiche affermazioni su un nostro comportamento o una nostra prestazione. Non ci sono di nessun aiuto, in quanto non ci forniscono indicazioni utili a correggere i nostri errori, ma tendono soltanto a farci sentire colpevoli o inferiori (vedi: "Le strategie manipolative").

Quando una persona passiva subisce una critica manipolativa, tende a tacere o a giustificare il proprio comportamento, e così la critica continua. Se la stessa viene mossa a una persona aggressiva, questa reagirà attaccando il proprio interlocutore, dando vita a uno stato conflittuale in cui uno dei due tenterà di prevaricare sull'altro. Sarà, perciò, una comunicazione del tutto sterile che causerà solo rancore e competizione.

Ma se la critica è costruttiva come reagiscono le persone passive e aggressive? Immaginiamo che un nostro amico sia in difficoltà. Noi cerchiamo di aiutarlo con consigli operativi del tipo: "Forse potresti provare a fare...". Lui potrebbe reagire dicendo: "So bene cosa fare, non ho bisogno del tuo aiuto" (comportamento aggressivo). Oppure, potrebbe non darci alcuna risposta, né chiederci ulteriori chiarimenti; avvertiamo, perciò, che sta provando disagio di fronte alla nostra offerta di aiuto e tende a sentirsi giudicato e valutato (comportamento passivo). In entrambi i casi cesseremo di dare informazioni, perché non si può continuare un dialogo quando si è aggrediti o si percepisce disagio nel nostro interlocutore. Come possiamo vedere, gli individui non assertivi non discriminano tra una critica costruttiva e una manipolativa. La persona assertiva, invece, individua immediatamente il tipo di critica. Vediamo il seguente schema:

Critica	Soggetto	Risposta	Comunicazione
M A N I P O L A T I V A	PASSIVO	Fuga	Continua
	AGGRESSIVO	Attacco	Continua
	ASSERTIVO	Discrimina Tecniche verbali difensive	Estinzione

Critica	Soggetto	Risposta	Comunicazione
C O S T R U T T I V A	PASSIVO	Fuga	Estinzione
	AGGRESSIVO	Attacco	Estinzione
	ASSERTIVO	Discrimina Tecniche verbali sollecitative	Continua

Da questo schema emerge come l'individuo assertivo riesca a identificare il tipo di critica usato. Se è di tipo manipolativo, userà tecniche difensive quali l'annebbiamento, la parafrasi o l'asserzione negativa. Così facendo, estinguerà il comportamento indesiderato dell'altro. Successivamente, richiederà informazioni più precise (inchiesta negativa). Quindi la critica si trasformerà in costruttiva.

Se il giudizio che gli viene mosso è costruttivo, l'accetterà immediatamente, anzi, solleciterà ulteriori chiarimenti (inchiesta negativa).

Vediamo il seguente dialogo tra due amici che lavorano insieme.

- Ti rendi conto che sei una persona su cui non si può fare affidamento? (Critica manipolativa).
- Tu pensi che non si possa fare affidamento su di me (parafrasi). Ma cos'è che non va nel mio modo di comportarmi? (Inchiesta negativa).
- Non sei puntuale nei lavori che devi consegnarmi.

- Questo è vero, non sono mai puntuale (asserzione negativa).
  Se c'è qualcos'altro che ti disturba, dimmelo liberamente (inchiesta negativa), è meglio chiarire immediatamente gli eventuali problemi.
- No, c'è solo la mancanza di puntualità.
- Ti ringrazio di avermelo detto. Ti sarei grato, per il futuro, se questo non ti crea problemi, di sollecitarmi la consegna del lavoro due o tre giorni prima della data di scadenza.
- Te lo ricorderò senz'altro.

Riassumiamo le abilità che possiede chi ha un buon comportamento sociale di tipo assertivo, quando è criticato:
1) discrimina il tipo di critica (costruttiva o manipolativa);
2) usa tecniche verbali per "bloccare" la manipolazione;
3) evita le giustificazioni o le scuse ma riconosce, quando vi è, il proprio errore;
4) accetta il "punto di vista" dell'altro;
5) sollecita eventuali critiche, stimolando l'altro a usare un linguaggio chiaro e preciso.

Se dobbiamo pensare al prototipo di una persona con buone abilità sociali assertive, ci troviamo di fronte a un compito particolarmente difficile. Padroneggia i comportamenti verbali e non verbali, non giudica, accetta il punto di vista altrui, gestisce le critiche, etc., Ma ciò non basta. Dobbiamo chiederci: come gestisce le proprie risposte emozionali negative e qual è il suo modo di pensare?

Spesso, quando vediamo che le nostre aspettative non si realizzano, proviamo un senso di frustrazione. Quando un amico ha successo nella vita e noi no, possiamo nutrire rancore nei suoi confronti.

Alcuni nostri modi di pensare possono attivare risposte emozionali negative e incidere sul nostro comportamento. Possiamo imporci: "Con quella persona devo essere assertivo e non aggredirla". Ma se, prima di incontrarla, avvertiamo del risentimento, sarà molto improbabile che si riesca a essere assertivi. Potremo tenere sotto controllo il nostro comportamento verbale ma, molto difficilmente, quello non verbale. Non riusciremmo ad avere un viso disteso e rilassato, dimostrando, con il nostro atteggiamento, una disponibilità al colloquio. Sarà sufficiente un accenno di aggressività da parte del nostro interlocutore, perché il nostro presunto autocontrollo "svanisca".

Ma, allora, la persona assertiva non si arrabbia mai?

Sicuramente, con l'esercizio, diventa sempre più difficile che questo accada. In ogni caso, se riteniamo sia necessario, possiamo farlo, ma senza colpevolizzare o inferiorizzare l'altro dichiarando, semplicemente, ciò che non ci va.

Nei capitoli seguenti prenderemo in considerazione alcuni modi di pensare che hanno come "obiettivo" farci star male e, quindi, vedremo quali sono gli ostacoli da superare per soffrire meno. L'obiettivo "star bene" è difficile da raggiungere, è molto più facile angosciarsi.

L'ASPETTATIVA

CREARSI DELLE ASPETTATIVE

Iniziamo un nuovo lavoro, conosciamo una nuova persona ed è naturale crearci delle aspettative. Di fronte a un nuovo evento, di qualsiasi genere, possiamo reagire in due modi:

1) ci creiamo un'elevata aspettativa,
2) ci creiamo una bassa aspettativa.

Nel primo caso, partiamo dal presupposto di poter controllare gli eventi e ci diciamo: "tutto deve andare come voglio io". Quando ciò non succede, nonostante i nostri sforzi, subentra in noi un senso di frustrazione che può trasformarsi in un comportamento aggressivo, poiché attribuiamo agli altri il nostro fallimento.

Nel secondo caso, pensiamo di non poter controllare in alcun modo gli eventi e, quindi, riteniamo sia del tutto inutile impegnarsi. In questo caso ci diciamo: "Qualunque cosa faccia, anche se andrà bene, non dipende da me, quindi, è inutile che mi impegni". Questo modo di pensare porta alla passività, a rimanere in attesa, soggiacendo agli altri. Questo stato di impotenza induce alla depressione.

Quando una situazione lavorativa o interpersonale si è consolidata nel tempo, noi desideriamo che si mantenga così. Ci siamo abituati a dare sempre la stessa sequenza di risposte in un determinato contesto e, se questo si modifica, non abbiamo a disposizione nuove risposte, proviamo disagio e vorremmo tutto tornasse com'era prima. Quando ciò non è possibile diventiamo aggressivi o ci deprimiamo. Vediamo alcuni casi in cui errate aspettative possono creare uno stato di profondo disagio.

L'ASPETTATIVA NEI RAPPORTI DI COPPIA

La signora Claudia, di 40 anni, è sposata da 15 e ha una figlia di 13 anni. La donna è titolare di un'agenzia in cui lavora con il marito, suo coetaneo. Il loro rapporto, al momento, non va bene. L'uomo ha una relazione con una venticinquenne, torna a casa solo per il pranzo e la cena. Claudia non riesce a capire il cambiamento del marito e afferma: "È vero che ho sempre deciso io, in famiglia e sul lavoro, ma a lui è sempre andato bene. Non mi ha mai detto che non fosse così, quindi, è del tutto comprensibile che ora io sia aggressiva nei suoi confronti".

Vediamo come ha affrontato il problema. La donna non riesce a comprendere il marito, diventa sempre più aggressiva, si chiude in un silenzio colpevolizzante, sperando, in questo modo, di ottenere ciò che vuole: che il marito ponga fine alla relazione extra coniugale.

Le chiedo com'era il loro rapporto prima di questo legame. Risponde: "Non c'era molto dialogo ma, dopo tanti anni di matrimonio, mi ero abituata. Pranzavamo e cenavamo in silenzio, poi guardavamo la televisione. Tra noi non ci sono mai stati momenti di tenerezza, quali carezze e baci".

Claudia non si sarebbe mai aspettata questo improvviso cambiamento da parte del marito. Il loro rapporto, forse, non era molto soddisfacente, ma lei ormai si era abituata. Ora tutto il suo mondo è crollato, sta male, prende molti ansiolitici, soffre di

inappetenza e non riesce a dormire. Questo suo stato di sofferenza la rende sempre più aggressiva, anche perché non possiede
altri mezzi per competere con il marito. Così soffrono entrambi.
Abbiamo visto come le strategie usate da Claudia non abbiano dato alcun risultato. È necessario NON ASPETTARSI
CHE GLI ALTRI SI COMPORTINO COME VOGLIAMO
NOI. Molti di noi tendono a voler modificare gli altri, i nostri
sforzi sono rivolti a questa meta. In un primo momento possiamo essere passivi, facciamo di tutto per soddisfare il nostro
partner e speriamo che lui o lei faccia altrettanto. Quando ciò non
avviene subentra in noi uno stato d'insoddisfazione. Di conseguenza, diventiamo più passivi o slittiamo verso un comportamento aggressivo. I nostri pensieri e i nostri comportamenti, essendo sempre rivolti all'esterno, non ci permettono di prestare
attenzione a noi stessi, ma siamo noi a risentirne. L'obiettivo che
dobbiamo tentare di raggiungere è quello di "non stare male",
ma è assurdo pensare di poterlo fare cercando di modificare gli
altri. GLI ALTRI NON SONO DA MODIFICARE. Quando
saremo in grado di accettare questo concetto, tutto ciò che ci
verrà dagli altri sarà gradito. Dobbiamo pensare prima di tutto a
noi stessi. Ovviamente, è un ragionamento che può apparire
egoistico, ma non è forse egoismo voler star bene piegando gli
altri al nostro volere?
Nel caso di Claudia si individuano due errori cognitivi che
hanno come base le seguenti premesse: mio marito deve cambiare e il mio modo di comportarmi è quello giusto. Vediamo,
invece, come avrebbe dovuto agire. Innanzitutto, evitare atteggiamenti aggressivi: il marito deve trovare più gratificante la presenza della moglie che quella dell'amante. Ora, ipotizziamo che
la signora Claudia inizi a modificarsi, sia gentile e presti attenzione al marito. Vi potrà sembrare molto difficile essere gentili
con una persona che vi tradisce perché, quando si è in presenza
del "trasgressore", le prime risposte sono quelle emozionali. Ci
sentiamo tesi, non sappiamo cosa dire, ed è in questi momenti
che recuperiamo il nostro comportamento abituale, ovvero,

quello aggressivo. Quando decidiamo di modificarci incontriamo difficoltà. Cerchiamo di andare incontro al nostro *partner*, di essere più gentili e cerchiamo di controllare la nostra aggressività. In cambio ci aspettiamo un rapido cambiamento anche da parte sua e, se ciò non avviene, ci diciamo: "Io sto provando a cambiare e mi costa molto, mentre lui/lei non fa nulla, quindi, pago solo io e non mi sembra giusto". Forse, a questo punto, sarebbe necessario fermarsi un momento e chiedersi: voglio realmente recuperare questo rapporto? sono disposto a pagare un prezzo elevato senza aspettarmi nulla in cambio? Beh, non è facile pensare in questo modo, vi sembra?

Se decidiamo di recuperare la relazione dobbiamo essere consapevoli che ci saranno costi da pagare, senza la certezza di riuscire a ottenere i risultati desiderati. Mi ricordo la frase di una mia cliente: "Farò ciò che mi è possibile per recuperare il mio matrimonio e, se non dovessi riuscire, potrò sempre dire di aver dato tutto ciò che ero in grado di dare".

Nel caso in cui si valuti l'opportunità di separarsi ci si deve porre una domanda: sono in grado di vivere da sola/o?

A volte, per alcuni, è preferibile vivere male in coppia piuttosto che stare da soli. Claudia, ad esempio, trascorre con il marito serate poco gratificanti, non comunica, non c'è intesa sessuale ma, per lei, è sempre meglio vivere male con lui che non vivere da sola. Ma cosa ha ottenuto con il suo comportamento aggressivo? Una momentanea vittoria o, almeno, questa è una mia ipotesi, non avendo più ricevuto informazioni sullo sviluppo del loro rapporto: l'uomo è ritornato dalla moglie dopo aver troncato la relazione con la giovane amante.

In ogni caso dobbiamo ricordarci che NON DOBBIAMO STARE MALE.

Ma stiamo attenti a quest'affermazione. Non dobbiamo, per attenuare la nostra sofferenza, "buttarci" in un'altra relazione.

Come nel caso del mio amico Giorgio. Tempo fa pose termine al primo matrimonio, dopo otto anni, matrimonio che, in alcuni momenti, era decisamente "caldo", con frequenti scoppi di aggressività durante i quali la coppia riusciva a distruggere una certa quantità di piatti (mai meno di quattro o cinque). "Matrimonio impossibile" dichiarava l'amico. Non so, tuttora, il parere della moglie. Una volta separato, per Giorgio iniziano momenti difficili. Dopo anni di convivenza vive male la solitudine. Arriva a casa, non trova nessuno e allora si siede da solo davanti alla televisione con un bicchiere di whisky. Non sopportando questa situazione, decide di aver bisogno di una compagna e inizia a uscire con alcune donne. Dopo circa un mese dalla sua separazione, mi dice che ha finalmente trovato la persona "giusta". Si trasferisce subito a casa della nuova *partner* e inizia una nuova relazione. Giorgio lo fa per sottrarsi al disagio che prova nello stare solo. Fin qui nulla di male. C'è, però, un particolare importante: non è in grado di scegliere.

L'ansia che prova lo costringe a iniziare un nuovo rapporto, mentre avrebbe dovuto riuscire a stare da solo senza provare disagio. Solo così la sua scelta non sarebbe stata obbligata. Lui, ovviamente, si aspetta che questo nuovo legame prosegua al meglio e che la sua compagna condivida il suo modo di pensare. Per alcuni mesi non ci sono problemi, la convivenza procede serena. Ma lei, dopo un po' inizia ad autoaffermarsi e vuole recuperare una propria autonomia. Non è ciò che si immaginava Giorgio, poiché, per lui, il rapporto deve essere "totalizzante". Così, inizia a emettere lo stesso tipo di comportamento che già aveva generato i contrasti con la moglie e diventa aggressivo. Dopo tre o quattro mesi lascia la compagna e tutto si ripete. Sta di nuovo male da solo e inizia un'altra relazione. L'errore cognitivo di Giorgio è: "Posso stare bene solo se ho un rapporto totalmente coinvolgente". Ma, per ottenere ciò, tende a sottomettere il *partner,* così facendo, il coinvolgimento è solo suo.

Sia nel caso di Claudia che in quello di Giorgio vi è un aspetto comune. Partono entrambi dal loro "livello operante".

Se un amico è in grado di darci dieci non dobbiamo aspettarci cento. Se siamo convinti di dare di più e valutiamo a cento il nostro livello di prestazioni, è bene non aspettarsi un'eguale contropartita. Spesso, pensiamo di aver dato molto e ricevuto poco.

Nel crearci false aspettative, da parte nostra, c'è la "convinzione" che il nostro *partner* debba comportarsi sempre nello stesso modo, anche in situazioni diverse. Una mia cliente mi racconta: "Quando mio marito è da solo con me non parla e si isola. Se gli chiedo se qualcosa lo preoccupa, mi risponde sempre: "Non c'è nulla", e si rinchiude nel suo silenzio. Quando ci sono gli amici cambia immediatamente umore, diventa allegro, scherza e comunica con tutti, anche con le persone noiose. Sembra che in lui coabitino due persone diverse. Con me è introverso e poco comunicativo, con gli amici è sempre brioso. Perché non si comporta con me come con i nostri amici?" Di sicuro non fa piacere a nessuno vedere il proprio *partner* che si comporta in un modo così "ambiguo". È veramente incomprensibile vedere un così rapido cambiamento e la cosa ci disorienta. Cosa possiamo fare? Stiamo attenti a non pensare: "Lo vorrei diverso", perché, altrimenti, cadremmo nella trappola del "lo devo modificare", dimenticandoci che "gli altri non sono da modificare".

Invece di focalizzare l'attenzione sul nostro *partner*, osserviamo il nostro comportamento. Ci accorgeremo che anche noi lo cambiamo al variare delle situazioni. Ad esempio, con un amico subiamo, con un altro siamo aggressivi. L'ambiente, inoltre, ha un ruolo molto importante, ed è sufficiente una sua minima variazione a farci mutare il nostro modo di agire. È vero che alcuni danno risposte più evidenti, ma ricordiamoci che TUTTI SUBIAMO LA PRESSIONE AMBIENTALE. La mia cliente ha accettato tale assunto, dopo aver osservato il proprio atteggiamento in diverse situazioni sociali, e ha compreso che il marito non si comportava in quel modo "ambiguo" per crearle problemi.

È ovvio che sia più facile accettare un comportamento quando non è troppo costoso per noi ma, in ogni caso, lamentarsi non serve. Ciò che importa sono le azioni, anche nelle relazioni, rimandare le decisioni non serve a nulla se non a farci star male. Ricordo, sempre provando un po' di dispiacere, una mia cliente di sessant'anni, insegnante elementare. Era una donna mite, molto gentile. Si è sposata piuttosto giovane e, dopo pochi mesi di matrimonio avrebbe voluto porvi fine. Il marito era un uomo introverso che non le prestava la minima attenzione e, a volte, la picchiava. Ma la signora stava già aspettando il primo figlio e sperava che la nascita del bambino avrebbe fatto cambiare l'atteggiamento del marito. Ma ciò non è successo. Anche dopo il secondo figlio non è cambiato nulla. A sessant'anni, facendo un bilancio della propria vita, afferma: "Capisco solo ora di aver buttato via tutta la mia vita legandomi a un uomo con cui non avevo nulla in comune".

CREARE FALSE ASPETTATIVE

La paura di perdere un amico ci induce a comportarci come pensiamo faccia piacere a lui. Gli diciamo ciò che vuole sentire. Tutto andrebbe bene se creare false aspettative non si rivolgesse negativamente contro di noi. Quando pensiamo che qualcuno/a sia importante per il nostro benessere ci poniamo in posizione "down" e dipendiamo da lui/lei. Col tempo, però, ci sentiamo oppressi e il rapporto diventa una situazione aversiva. Si inizia a incolpare il *partner* per il nostro malessere. È necessario, quindi, modificare il nostro modo di pensare. Dobbiamo accettare la seguente affermazione: SE STIAMO MALE LA COLPA È SOLO NOSTRA. Molto difficile da fare, non vi pare?

Questa asserzione, per noi, è positiva, in quanto ci spinge a osservare cosa c'è di "sbagliato" in noi e non negli altri. Individuare gli aspetti negativi altrui ci fa star male, perché non possiamo fare nulla per modificarli.

Questo è il caso di Franco che ha cinquant'anni ed è separato da circa un anno. Ha due figli di venti e diciotto anni, che vivono con la moglie. Avendo sempre nutrito un particolare interesse per l'altro sesso, sin da giovane, ha intrattenuto rapporti extraconiugali, senza, per questo sentirsi in colpa né nei confronti della moglie, né delle varie amanti. Il suo problema, però, consiste nel fornire corrette informazioni alle *partner*. Nell'ultima compagna, con cui ha una relazione da circa otto mesi, ha creato false aspettative, dicendole che, per lui, la monogamia è un valore in un rapporto. Tutto procede bene per alcuni mesi, sono spesso insieme, trascorrono anche piacevoli week-end, ma la "saturazione" è in agguato per Franco, che si sente sempre più oppresso. Quando vuole incontrare qualche altra donna deve elaborare una serie di scuse, più o meno credibili. Mi dice: "Questa relazione è diventata peggio di un matrimonio, mi sento sempre controllato, io non riesco proprio a capire le donne, sono tutte uguali, dopo un po' diventano possessive". Ma è Franco ad aver commesso alcuni errori.

Il primo: un'errata autovalutazione, si vede monogamo quando non lo è.

Il secondo: crea nelle *partner* aspettative che non è in grado di mantenere.

Questo comportamento non è assertivo, ma passivo-aggressivo. È passivo, in quanto trasmette informazioni errate per non perdere la compagna. È aggressivo, perché incolpa lei del suo stato di disagio.

Vediamo qual è un comportamento assertivo. Franco, incontrando una donna da cui si sente attratto, dovrebbe dire: "Ti trovo piacevole e simpatica, ma non mi sento di legarmi con una sola donna e, pertanto, intrattengo anche altre relazioni". L'obiezione di Franco è immediata: "Ma, così, tutte le donne scappano, nessuna accetterà mai queste condizioni". Probabilmente è vero, ma solo dando informazioni veritiere su noi stessi evitiamo di creare frustrazione nell'eventuale fidanzata.

Può succedere che, pur avendo dato informazioni corrette, sia il *partner* stesso a crearsi false aspettative ma, se lui/lei non accetta il nostro punto di vista, allora diventa un "suo problema".

Un'amica mi racconta: "Da un po' di tempo esco con un uomo che mi interessa molto e a cui ho detto che sto frequentando anche altri uomini. Non ci siamo visti per alcuni giorni e una mattina ricevo una sua telefonata. È gentile come sempre e organizziamo il week-end. Lui mi chiede dove sono stata la sera precedente e io rispondo: 'Sai che l'accordo era quello di non fare domande; se vuoi farle, sappi che è un tuo problema gestire le risposte'. Siccome insiste, ribatto: 'Ieri sera ho fatto l'amore con un mio amico'. La sua reazione è istantanea ed è aggressiva. A questo punto, replico: "Se stai male, mi dispiace, sapevo che la mia risposta sarebbe stata un problema per te".

Forse, a volte, un po' di ipocrisia non guasterebbe ma, in ogni caso vale la regola: NON FARE DOMANDE SE NON SI SANNO ACCETTARE LE RISPOSTE.

Quando poniamo domande, spesso, ci creiamo aspettative sulle eventuali risposte che possiamo accettare o no. Ma quanto è utile non accettarle? Vediamo il seguente schema:

1-a) Domanda
La risposta e quella che ci aspettiamo.
L'accettiamo.
Stiamo bene.

1-b) Domanda
La risposta è quella che ci aspettiamo.
Non l'accettiamo. Ci diciamo: "Mi ha dato questa risposta solo per farmi piacere, ma la pensa in maniera diversa" (errore cognitivo, del tipo: "Stiamo interpretando".

Proviamo disagio.
Poniamo altre domande ma, qualsiasi risposta ci viene data, non l'accettiamo e continuiamo a provare disagio.

2-a) Domanda
La risposta è quella che non ci aspettiamo.
L'accettiamo.
Stiamo bene.

2-b) Domanda
La risposta è quella che non ci aspettiamo.
Non l'accettiamo. Ci diciamo: "Ha un modo di pensare sbagliato!" (Errore cognitivo del tipo: "Solo il mio modo di pensare è quello giusto").
Proviamo disagio.
Poniamo altre domande. Vogliamo trovare dei "punti" comuni.
Non ci troviamo d'accordo su "tutto". Non siamo soddisfatti.
Proviamo disagio.

Osserviamo il dialogo che segue la telefonata tra la mia amica e il suo *partner*.

AMICA: Mi dispiace che tu sia stato male quando ti ho detto di come ho trascorso l'altra sera, ma mi dà fastidio dover inventare scuse.
PARTNER: Non capisco perché tu mi abbia sempre detto che ti trovi bene con me e poi fai l'amore con un altro. È normale che io soffra, il tuo è un comportamento ambiguo.
AMICA: È vero che io sto bene con te. Ti trovo un uomo interessante e piacevole.

L'uomo ha dedotto, dalla frase "mi trovo bene con te", che lei possa trovarsi bene con lui e "solo" con lui. Ma questo è solo il suo modo di pensare e, come abbiamo visto, gli crea malessere. La donna ribadisce che con lui sta bene, ma non che sta bene "solo" con lui. In questo caso, è difficile si giunga a un accordo, poiché pensano in modo troppo differente. Altre volte, uno dei due accetta il punto di vista dell'altro ma ciò, probabilmente, accade solo per paura di perdere il *partner*.

L'AMICIZIA

Tutte le affermazioni utilizzate nel descrivere i rapporti di coppia, possono tornare utili per descrivere anche quelli di amicizia. Anche in queste relazioni, la paura di perdere l'amico crea e fa creare false aspettative.

Ritorniamo a Claudia, che afferma: "Non ho più amiche, sono stata delusa troppe volte. Recentemente, ho interrotto il rapporto con una di loro, perché mi ero accorta che mi cercava solo quando aveva bisogno di qualcosa. Ma questa non è amicizia". Le chiedo se si trovava bene con lei e Claudia mi risponde di sì. La ritiene una persona allegra, piacevole ed estroversa e in sua compagnia sta bene. L'aspetto negativo è che telefona raramente e solo per chiedere favori. Come nel rapporto di coppia, anche qui non si tiene conto del "livello operante" dell'altro.

Ricordiamoci sempre che possiamo pretendere dagli altri solo ciò che possono darci. Con questa amica Claudia sta bene ma tronca il rapporto perché non si comporta secondo il concetto che lei ha dell'amicizia. Il suo problema è non saper gestire le richieste dell'amica. Quando la donna telefona e le chiede un favore, lei non è in grado di rifiutare e non lo fa neppure quando le "costa" molto.

Fare ciò che non vogliamo ci procura disagio e, di conseguenza, ci arrabbiamo con chi ci chiede qualcosa. Ma questo è un nostro problema. La nostra idea che "a un amico non si può rifiutare nulla" va modificata in: È UN DIRITTO DEGLI ALTRI FARE RICHIESTE MA È UN NOSTRO DIRITTO RIFIUTARE. Se non siamo in grado di farlo, ci aspetteremo che anche gli altri non lo facciano mai e, quando ciò non succede, è la fine dell'amicizia. Spesso, si tendono a creare differenze tra gli amici, definendo "veri amici" solo quelli su cui si può sempre contare.

Vediamo qual è l'errore cognitivo di quest'affermazione. Siamo sempre inclini ad aspettarci, da parte di coloro che consideriamo "veri amici", un'immediata soddisfazione delle nostre richieste. La tendenza è quella di ragionare per "tutto o nulla". Comportamento, questo, che caratterizza l'adolescenza, l'età dei grandi amori e delle grandi delusioni.

Quando queste ultime sono costanti, come nel caso di Claudia, subentra un'avversione verso l'amicizia, in quanto le nostre aspettative sono andate in frantumi troppe volte. A questo punto, scatta il meccanismo della "generalizzazione indebita", e ci convinciamo che "Non esistono i veri amici, prima o poi ti deludono tutti". Anche Franco generalizzava quando diceva: "Le donne sono tutte uguali, dopo un po' diventano possessive". Questo modo di pensare porta, irrimediabilmente, all'isolamento. Di per sé, non vi sarebbe nulla di male ma, se si vive negativamente la solitudine, bisogna porvi rimedio. Dobbiamo chiederci: dove ho sbagliato?

È evidente che, se per lunghi periodi, ci si isola e si evitano i rapporti sociali, si perderà l'abitudine a comunicare con gli altri.

Come è successo a Luciano, un ragazzo di venticinque anni che lavora in banca come cassiere. Le sue giornate si ripetono tutte uguali. Otto ore di lavoro, poi a casa dove si chiude in camera sua e suona. Non ha né amici né amiche. Anche sul lavoro non ha stabilito nessun legame con i colleghi. Se il lavoro e la musica gli bastassero non starebbe male, ma poi dichiara: "Mi manca una ragazza e mi farebbe piacere avere amici, ma non ne ho perché i loro discorsi non mi interessano e le ragazze parlano solo di cose futili". Forse Luciano vi sembrerà una persona che si autovaluta in modo eccessivo ma, in realtà, sta solo aspettando gli amici e la ragazza "giusta". Lui, però, manca totalmente di abilità sociali, non è in grado di iniziare una conversazione, risponde solo se interrogato e, se una ragazza lo attrae, ha risposte emozionali così intense da non riuscire a parlare. In questo caso, più che errori cognitivi, assistiamo a una totale mancanza di attitudine. Alla base c'è, sì, un evitamento cognitivo, ed è quello di ritenere gli altri non interessanti ma, in ogni caso, modificare questo concetto non sarà sufficiente a fargli acquisire le abilità di cui è carente.

L'AUTOVALUTAZIONE E IL CREARSI DELLE FALSE ASPETTATIVE

Sono bella... Sono ricco... Sono intelligente... Sono... Dove ci conduce una nostra ipervalutazione? Ci porta a formulare la frase "Tutto mi è dovuto".

Una signora quarantacinquenne, vedova da dieci anni, mi riferisce di non essere più riuscita a trovare un compagno dalla morte del marito. Per lei è molto importante avere una relazione "seria". Racconta così il suo matrimonio: "Mio marito era una brava persona (spesso quando si inizia così è perché non si trovano aspetti più positivi) e penso che mi volesse realmente bene. Devo ammettere, però, che era un uomo molto diverso da me. I miei genitori mi avevano fatto presente che questa diversità avrebbe potuto creare dei problemi, e così è successo. Pur non essendo un uomo d'affari aveva iniziato alcune attività commerciali che si sono rivelate un fallimento. Solo l'intervento economico da parte della mia famiglia ha potuto evitare il peggio. Non era una persona su cui si potesse fare affidamento".

Vediamo come si valuta la signora. Sa di essere una bella donna, benestante e, inoltre, si considera sensibile, intelligente e con tendenze artistiche. Secondo lei anche il marito non era stato in grado di soddisfare le sue aspettative, che non sono diminuite con il passare degli anni. Quando conosce una nuova persona, nello specifico, un uomo, inizia a "studiarlo" attentamente, pronta a coglierne ogni aspetto negativo che, con un po' di "buona volontà" si riesce sempre a cogliere negli altri. Lei ragiona in base al principio del "Tutto o Nulla".

Ma dove conduce questo modo di ragionare? La donna si ipervaluta e, quindi, cerca un *partner* adeguato. Quando le sembra di averlo trovato, è sempre un uomo della sua stessa età, intelligente, ricco e di aspetto piacevole ma, poi, scopre che il signore in questione non le presta la minima attenzione. "Non capisco perché - dice - quando un uomo arriva sui cinquant'anni, invece di essere attratto da donne della sua età, rivolge l'attenzione a ragazze con vent'anni di meno, anche se hanno ben poco da dare. È proprio vero che gli uomini, invecchiando, perdono la dignità. Non è un comportamento appropriato frequentare donne così giovani". Questo atteggiamento può essere così esemplificato: io valgo 100 e mi aspetto un compagno che valga 100, questo è ciò che si intende per "Tutto". Quando il "Tutto" non lo si ottiene, allora si passa al "Nulla". Non sarebbe un problema se ci si accontentasse del "Nulla" ma, spesso, anche questa scelta non ci soddisfa.

Come mai una persona non riduce le proprie pretese, quando non riesce a ottenere ciò che vuole?

Perché commette due errori cognitivi:

1) focalizza l'attenzione sugli altri, in quanto sono loro che sbagliano. Chiarificatrice la frase: "Gli uomini invecchiando perdono la dignità". Quindi, non si modifica la propria autovalutazione;
2) vive nell'attesa del rapporto "giusto".

L'ASPETTATIVA NELLA VITA QUOTIDIANA

AL SEMAFORO

Siamo in auto, fermi al semaforo, è rosso. Noi abbiamo fretta e ci sembra che non scatti mai il verde. Le nostre risposte emozionali si intensificano. Siamo tesi e contratti, il nostro battito cardiaco aumenta di frequenza. Il semaforo diventa verde, ci rilassiamo momentaneamente, pronti a innervosirci una volta giunti a quello successivo. Se siamo distanti e lo vediamo verde, speriamo che non passi al rosso e, così facendo, ci agitiamo. Se è già rosso, ci arrabbiamo, perché abbiamo fretta. Per noi, il semaforo è diventato "aversivo". Partiamo da casa tranquilli, non abbiamo fretta. Saliamo in auto e, giunti, al primo semaforo "rosso", scatta in noi la risposta condizionata: "Semaforo = Tensione". Riusciamo, così, a rovinarci una giornata che poteva essere tranquilla. Come nei rapporti interpersonali, anche il semaforo dovrebbe funzionare secondo i nostri desideri, ovvero, essere sempre verde.

Dobbiamo imparare a dare risposte competitive alla tensione che ci creiamo da soli. Questi momenti di "pausa" al semaforo dovranno diventare attimi di rilassamento. Appena ci accorgiamo che stiamo entrando in tensione alla vista del semaforo rosso, dobbiamo effettuare le seguenti operazioni:

1) stringere con forza il volante (è sufficiente una contrazione di circa tre secondi);
2) a inizio contrazione inspirare dal naso e, al termine della stessa, espirare dalla bocca.

In questo modo, si rilasseranno rapidamente braccia e spalle. Quindi, il semaforo rosso diventerà uno stimolo associato al rilassamento. Solo una costante applicazione ci porterà a indebolire il collegamento "Semaforo = Tensione" per giungere al nuovo "Semaforo = Rilassamento". Ovviamente, all'inizio, se siamo di fretta, sarà difficile controllare pensieri quali: "Arriverò in ritardo all'appuntamento! Perché non scatta il verde? Perché la macchina davanti non parte subito?" Sono tutti pensieri negativi che non ci offrono soluzioni, ma incrementano soltanto il nostro stato di disagio (aumento di adrenalina e noradrenalina).

Dovremmo cercare di trasformare i pensieri negativi in positivi, quali: "Agitarmi non serve a nulla! Devo rimanere calmo!" In ogni caso, la miglior procedura è il rilassamento. Solo quando saremo in grado di rilassarci, potremo usare frasi rassicuranti, poiché l'uso di queste espressioni, se non sono legate al rilassamento, incrementa soltanto la tensione. Quante volte ci siamo sentiti dire "calmati" e, come risultato, ci siamo maggiormente agitati? Non ci si può calmare se non si conoscono le strategie necessarie per allentare la tensione.

IL TRENO IN RITARDO

Quando il treno ritarda o, peggio ancora, c'è uno sciopero improvviso, avvertiamo ansia ed emettiamo un comportamento simile a quello dell'attesa al semaforo. In questo caso, però, le risposte emozionali che diamo sono più intense, in quanto per strada siamo noi a guidare l'auto e, quindi, non siamo totalmente passivi come quando aspettiamo il treno. Il nostro disagio aumenta in funzione del ritardo. Proviamo a condividere il nostro malcontento con un altro passeggero, cercando la sua comprensione e solidarietà. Questo può ridurre, momentaneamente, la nostra ansia che, poi, si riacutizza al successivo annuncio di un ulteriore rinvio. I nostri processi cognitivi sono molto stimolati. Tutti i nostri pensieri sono, tendenzialmente, aggressivi ma, come abbiamo visto, la conseguenza della nostra aggressività è che ci fa star male. Difficilmente, in queste situazioni, si riesce a restare tranquilli ripetendosi: "Visto che non posso fare nulla, è inutile agitarmi". Anche da questo esempio possiamo evincere come gli eventi esterni siano in grado di modificare il nostro comportamento. Siamo tranquilli sino a quando non ci avvisano del ritardo. Poi, in pochi secondi, diventiamo tesi e irascibili, perché abbiamo difficoltà a controllare le nostre risposte emozionali.

Rimanere calmi e controllati in una situazione di disagio è un comportamento "intenzionale", voluto. Al contrario, non vi è nulla di volontario nell'irritarsi. Quindi, se il treno ritarda, proviamo, almeno una volta a dirci: "Devo stare calmo, arrabbiarmi non serve a nulla". Se riusciamo a farlo, anche per un solo momento, abbiamo ottenuto una piccola vittoria. Abbiamo rotto lo schema: disagio = rabbia.

Anche a me è capitato di trovarmi in stazione ad attendere un treno che era in ritardo. Accanto avevo un altro passeggero particolarmente nervoso. Si rivolge a me per avere conferma sull'inefficienza del servizio. Io mi dichiaro, in parte, d'accordo, sperando di attenuare, almeno momentaneamente, la sua tensione. Vedendomi così tranquillo mi chiede se l'inconveniente non mi crei problemi al lavoro. Gli rispondo di sì ma che, non potendo fare nulla per modificare la situazione, cerco di non "agitarmi" e gli suggerisco di fare altrettanto. L'uomo risponde: "Forse per lei è facile, è il suo carattere, ma io non sono fatto così". Poi ci allontaniamo, ma lui non si è affatto tranquillizzato, anzi, la tensione è ancora aumentata. Adesso, oltre a essere arrabbiato con le Ferrovie, è arrabbiato anche con le persone che riescono a restare calme. Come avete potuto constatare, non sono partito dal suo "livello operante", ma dal mio.

SIAMO INCOLONNATI NEL TRAFFICO

Claudio è un dirigente. Ha quarant'anni, è sposato e ha un figlio di dieci anni. Come tutte le mattine, si alza alle sette e trenta. E, alle otto e trenta, è pronto per uscire. Scende in garage e prende la macchina. Alle otto e trentacinque è in strada. Tutto è programmato per poter essere in ufficio alle otto e cinquanta. I primi cinque minuti di guida procedono bene, il traffico è scorrevole. Ma poi il traffico rallenta e si ferma perché ci sono dei lavori in corso. L'uomo inizia a emettere chiare risposte "emozionali": contrae le mascelle, continua a guardarsi intorno, controlla l'orologio. I minuti passano e le automobili si muovono molto lentamente. Claudio diventa sempre più teso. Quando riesce a uscire dal traffico, sono trascorsi dieci minuti e, quindi, arriva in ufficio con dieci minuti di ritardo. Ma la tensione che ha accumulato non si riduce rapidamente, anzi, è nella situazione ottimale per trasformarla in aggressività. Questo comportamento è ciò che si definisce "aggressività dislocata", in quanto viene indirizzata verso le persone su cui si può esercitare potere. A quel punto si crea rapidamente un contesto in cui tutti provano un elevato disagio. Per Claudio è stato sufficiente un imprevisto per rovinare la giornata a sé stesso e ai suoi collaboratori.

Può capitare di non riuscire a rispettare i nostri programmi. Organizziamo la giornata, ma un imprevisto ci costringe a rimandare gli impegni successivi. Cosa possiamo fare? Se abbiamo fatto ciò che potevamo e quanto accade non dipende da noi, è inutile star male. Se siamo noi la causa, farsi prendere dall'ansia non serve: meglio cercare una soluzione. Ricordiamoci che nel fare ciò, dobbiamo essere noi gli attori protagonisti, non dobbiamo lasciare che siano gli eventi a decidere al nostro posto.

L'ASPETTATIVA E L'INTERPRETAZIONE

Abbiamo organizzato una cena. Aspettiamo una coppia di amici per le venti e trenta. Sono le venti e ci telefonano che non possono venire perché hanno avuto un guasto alla macchina e sono rimasti bloccati fuori città. Probabilmente, in una situazione come questa, non ci arrabbiamo. Può dispiacerci, perché abbiamo preparato una buona cena e speravamo di goderci una divertente serata. Ci diciamo: "Mi rincresce per loro, non è certo piacevole trovarsi, di notte, con la macchina in panne". Come vedete, in questo caso, siamo rammaricati per gli amici e proviamo solo un po' di malumore per la cena andata in fumo. Non sarebbe corretto dirci: ho preparato la cena e non sono venuti, mi hanno rovinato la serata.

Alcuni di noi, però, hanno la tendenza a "leggere dietro" al messaggio verbale che ci viene comunicato. La frase: "Siamo rimasti bloccati fuori città" viene letta come "è solo una scusa che hanno inventato, in verità, non avevano voglia di venire". Spesso, vogliamo interpretare il comportamento altrui. Sono frequenti le frasi quali: "Non è venuto solo per farmi un affronto", "Non parla perché è arrabbiato con me", "Mi ha fatto un torto solo perché ieri non sono stato gentile con lei", "Non mi telefona, quindi, non gli interesso".

La tendenza a "interpretare" il pensiero altrui ha come immediata conseguenza un aumento di aggressività. La frase: "Non mi telefona, quindi, non gli interesso", può avere questo seguito: "Visto che non gli interesso, mi comporterò di conseguenza. Non lo chiamerò neppure io, voglio vedere cosa succede". Succede che, dopo alcuni giorni, l'amico ci telefona e noi diciamo: "Era ora, è possibile che, se non telefono io, tu non ti faccia mai sentire?" La risposta corretta, invece, sarebbe: "Sono contento di sentirti", ma non riusciamo a dirla. Non possiamo dare risposte cortesi quando pensiamo che l'altro si sia comportato in modo scorretto nei nostri confronti. Questo è un metodo molto efficace per rovinare un rapporto. Dobbiamo abituarci a NON INTERPRETARE.

Nel caso dell'appuntamento mancato, la tendenza verso il comportamento aggressivo è dovuta a un errato modo di pensare. Il nostro pensiero ricorrente è: "Tutto deve andare come voglio io". Se ciò non succede è giusto arrabbiarsi. Sembra strano che tutti noi si continui a usare un comportamento non funzionale. Non possiamo pretendere che gli amici partecipino alla cena se un imprevisto rende impossibile che questo accada. Poniamoci la domanda: "Cosa mi serve arrabbiarmi? Risolvo il mio problema?" Adirarsi, in alcune situazioni, può esserci utile ma, in ogni caso, otterremo solo risultati a breve termine.

Se un nostro amico arriva, abitualmente, in ritardo agli appuntamenti mentre noi siamo sempre puntuali, è del tutto legittimo che la cosa ci possa infastidire. Se, come risultato, otteniamo delle scuse da parte sua, ci sentiamo, momentaneamente, soddisfatti, ma ciò non modifica il suo comportamento. Lui continuerà ad arrivare in ritardo, perché il suo comportamento non ha conseguenze dirette.

Alcuni anni fa uscivo spesso con un amico, ci vedevamo due o tre volte alla settimana. Ci davamo appuntamento a un'ora precisa, io ero sempre puntuale e lui sempre in ritardo di venti o trenta minuti. Mi arrabbiavo ogni volta e ogni volta lui si scusava, dicendo che non sarebbe più successo. Pensavo: "Questa volta ha veramente capito". Per i successivi due o tre appuntamenti, arrivava puntuale ma, presto, recuperava il suo comportamento abituale e ricominciava ad arrivare in ritardo. Visto che arrabbiarmi "serviva" solo a me, per tormentarmi, provai altre strategie. Mi sono detto: "Se lui arriva in ritardo, farò lo stesso anch'io". Non ha funzionato, perché a me non piaceva fare tardi e, inoltre, se lui arrivava un po' prima di me, mi rimproverava: "Bene! Riprendi me dicendo che sono un ritardatario, ma anche tu fai la stessa cosa". Io ribattevo: "Lo faccio solo perché tu ti renda conto di cosa voglia dire aspettare. Vedi che dà fastidio anche a te!" Così si litigava. Forse avrei dovuto interrompere l'amicizia, ma mi era simpatico e stavo bene con lui. Siccome quella strategia non aveva funzionato, perché ero sempre io a pagare i "costi" maggiori, senza ottenere risultati, ho elaborato un altro "programma". Gli ho detto: "Da adesso in poi, se non arrivi puntuale, io ti aspetto solo cinque minuti, e poi me ne vado". Così ho fatto; dopo cinque minuti di attesa, andavo via. Dapprima l'amico si arrabbiava, ma io continuavo ad aspettarlo solo per cinque minuti. In questo modo pagavo costi minori; mi irritava attenderlo per mezz'ora. In questo modo era lui a pagare per le sue azioni; quando arrivava, non trovava nessuno e si rovinava la serata. Perché questo non accadesse, era costretto ad arrivare puntuale. Avevo aumentato il costo della risposta. Pur continuando a "protestare" per il mio comportamento, ha imparato a essere puntuale.

Ogni comportamento genera conseguenze; se non si hanno conseguenze negative il comportamento persiste. Il mio amico continuava ad arrivare in ritardo perché, in ogni caso, sapeva che io lo avrei aspettato. Modificando il mio comportamento, l'amicizia non si è interrotta, abbiamo solo meno occasioni di vederci.

L'ASPETTATIVA SUL LAVORO

Abbiamo iniziato un nuovo lavoro che ci soddisfa. È trascorso un anno e ci aspettiamo qualcosa di nuovo. Il lavoro ormai lo conosciamo bene, ma non arrivano nuovi stimoli. Tutto procede in modo abitudinario e ci annoiamo. La routine, il lavoro ripetitivo, possono essere, per alcuni, causa d'ansia. Per altri, al contrario, è fonte di tranquillità; vanno in ansia quando si trovano in situazioni lavorative nuove.

Giorgio lavora da circa quindici anni in banca. All'inizio, il lavoro lo stimola, apprende nuove abilità, molte cose che la scuola non gli aveva insegnato. Dopo un po' di tempo chiede di essere spostato alla cassa, ma poi trova anche quella mansione monotona e poco interessante. Chiede, quindi, di essere assegnato a un altro ufficio. Il trasferimento non gli viene concesso subito. La struttura organizzativa non prevede per lui un nuovo incarico, deve attendere. Per Giorgio sono mesi carichi di frustrazione. Il direttore pensa che vi sia la possibilità di un nuovo posto solo dopo un anno. È evidente che, quando si lavora in un'istituzione (come banche o pubblico impiego), non siamo noi a organizzare il nostro futuro. Per alcuni tutto ciò può essere rassicurante, per altri, invece, fonte di ansia. Dopo quindici anni in banca, Giorgio decide di licenziarsi e aprire una piccola attività commerciale in proprio. Sono trascorsi tre anni, il nuovo lavoro è stimolante e non lo annoia, non prova più ansia. Ovviamente, anche lavorando in proprio, non tutte le iniziative possono realizzarsi in maniera positiva, poiché non possiamo sempre controllare tutte le variabili legate alla situazione.

In ogni caso, è meglio agire piuttosto che attendere di avere l'assoluta certezza sulla riuscita di un nostro progetto, soprattutto perché la certezza non l'avremo mai. Se non raggiungiamo un obiettivo che ci siamo prefissati non dobbiamo farne un dramma, in fondo: TUTTO È IMPORTANTE MA NON LO DEVE ESSERE TROPPO.

IL LAVORO E IL CREARE FALSE ASPETTATIVE: COME PERDERE DI CREDIBILITÀ

Mi prospettano un lavoro che dovrebbe iniziare nell'arco di un mese e che richiede l'intervento di alcuni operatori. Convoco i futuri collaboratori per spiegare loro i compiti da svolgere. Trascorso il mese, riferiscono che non è possibile cominciare, in quanto sono sopraggiunti alcuni "intoppi" burocratici che ne impediscono l'avviamento. Passano altri mesi e i problemi persistono. Il committente afferma che è questione di poco tempo, ma questo "poco tempo" non è una quantità definita. Dopo un anno, il lavoro non è ancora stato avviato. Spiego ai miei collaboratori che il continuo ritardo non dipende da me e che le cause sono di altra natura.

In questo caso, comunque, ho creato in loro delle aspettative che non sono stato in grado di concretizzare.

Vediamo due esempi in cui questo può causare frustrazione e rabbia:

1. Il datore di lavoro promette ai suoi dipendenti: "Alla fine dell'anno avrete un premio consistente". A fine anno trovano nella busta paga cinquanta euro in più. Questo è il premio "consistente", secondo il titolare. La reazione degli impiegati è di delusione, in quanto si sentono presi in giro. Il datore di lavoro ha dato un messaggio ambiguo, non avendo definito il reale valore del premio. Non dare informazioni corrette può generare speranze troppo elevate negli altri.

Vediamo il seguente schema:

A) viene data un'informazione generica;
B) si creano aspettative.

A questo punto possono esserci due possibili sviluppi:

C') le informazioni date corrispondono alle aspettative, quindi, non vi sono problemi;
C") le informazioni date non corrispondono alle aspettative, quindi, si provocano disagio e frustrazione. Inoltre, non si ha più "fiducia" in chi ha dato le indicazioni errate.

2. Il datore di lavoro promette a un dipendente un avanzamento di carriera affermando: "Tra sei mesi circa le darò una

promozione, perché lei è molto competente nel suo lavoro". In questo caso le informazioni sono precise. Se la promessa viene mantenuta, non vi saranno problemi. Ma, se trascorsi sei mesi o un anno, l'impegno non sarà stato ottemperato, il dipendente avrà tutte le ragioni di sentirsi "preso in giro" e proverà un'elevata frustrazione. Può succedere a tutti di fare promesse a cui non si è in grado di tenere fede ma, in questi casi, appena ci si rende conto che ci sarà impossibile farlo, è opportuno comunicarlo immediatamente all'interessato. Quest'ultimo rimarrà deluso ma, probabilmente, non a un livello così alto come nel caso in cui non avesse ricevuto informazioni non chiare.

Fare promesse e non mantenerle o suscitare false speranze ci fa perdere di credibilità, produrrà solo malcontento e, di conseguenza, si otterrà un comportamento non collaborativo da parte degli altri.

IL GIUDIZIO

C'è una storiella che può essere riassunta così. Un vecchio, un bambino e un asinello arrivano in un villaggio. Gli abitanti del villaggio dicono: "Guardate quel vecchio, va a piedi quando invece potrebbe cavalcare l'asino". "Hanno ragione" dice il vecchio e sale a dorso dell'asino. Continuando la strada arrivano in un secondo villaggio e gli abitanti vedendoli dicono: "Guardate quel vecchio. Lui è seduto sull'asino, mentre il bambino va a piedi". "Hanno ragione" dice il vecchio, e prende il bambino con sé sull'asino. Arrivano in un terzo villaggio e gli abitanti li guardano sdegnati e dicono: "Guardateli. Sono in due sopra quel povero asinello".

Questo è un esempio di assunto secondo il quale, per far piacere agli "altri", dobbiamo modificare costantemente il nostro comportamento. Seguire il giudizio altrui diventa un obbligo.

Questo modo di agire si trasforma, per noi, in una costante fonte di ansia. Mentre parliamo scrutiamo attentamente il viso del nostro interlocutore, cercando cenni di approvazione. Questo è un comportamento tipico delle persone "passive". Gli aggressivi, invece, non prestano la minima attenzione all'opinione altrui. La paura del giudizio è legata al bisogno di accettazione. Di ciò è responsabile, in modo determinante, l'educazione che abbiamo ricevuto. Ricorrenti sono le frasi: "Cosa diranno i parenti? Cosa dirà tuo padre? Cosa diranno…?"

Sembra che tutti abbiano il diritto di giudicare il nostro comportamento, mentre noi dobbiamo solo subire. Il condizionamento ambientale gioca un ruolo preponderante nel dare forma a un mondo di "valori" o "presupposti" a cui facciamo costante riferimento.

Abbiamo visto che è "un nostro diritto fare richieste ed è un diritto degli altri rifiutare".

Molti hanno difficoltà a esternare i propri bisogni e sperano che gli altri capiscano senza dover parlare. Ma è molto difficile "capire" in mancanza di domande dirette. Quali sono i motivi per cui non si è in grado di avanzare le proprie proposte? Osserviamo il comportamento di alcuni genitori. Rimproverano i figli quando questi domandano qualcosa. Sono frequenti le frasi quali: "Non devi disturbare. Non è educato fare domande. Se vuoi qualcosa, aspetta che siano gli altri a dartelo".

Come si evince da queste frasi, l'attenzione è sempre rivolta agli altri. Questo spostare l'attenzione da noi stessi sugli altri crea delle "distorsioni cognitive". Sviluppiamo un modo di pensare che ci provoca un disagio costante. Quando dobbiamo avanzare una richiesta pensiamo: "Lui/lei potrebbe non essere in grado di rifiutare perché sa che un suo rifiuto mi darebbe fastidio", "Le mie esigenze non sono poi così importanti", "Potrei causargli dei problemi". In realtà i problemi li ha chi non riesce a chiedere.

Pensiamo prima a risolvere i nostri, solo così potremo aiutare gli altri. Non andremmo, certo, a chiedere consiglio a qualcuno che è sempre angosciato. Come potrebbe, chi non è in grado di gestire le proprie preoccupazioni, aiutare un altro?

Spesso, si usa il termine "sensibile" in modo improprio. Molti miei clienti si definiscono "sensibili", intendendo qualificare in questo modo, le persone che danno una risposta sproporzionata allo stimolo. Un amico li giudica negativamente e stanno male, un conoscente fa loro uno sgarbo e, per alcuni giorni, non pensano ad altro che al torto subito. Tutto è centrato sul giudizio. Quando è negativo, soffrono.

Iniziamo ad avere dubbi: "Perché mi ha detto quelle parole? Cosa gli ho fatto?" Ma chi non riesce a fare richieste non potrà mai avere una risposta alle proprie domande. Continuerà a rimuginare senza giungere a una conclusione. Il comportamento più ovvio, ovvero, dire all'amico: "Ciò che mi hai detto mi ha turbato, vorrei una spiegazione", non potrà mai essere emesso. Questa difficoltà è legata alla paura del giudizio, ed è quest'ultima che non ci permette di negarci. Troppo spesso ci siamo sentiti dire: "Non è

educato dire no", "Lui/lei ha bisogno di te, se rifiuti, cosa succederà quando sarai tu ad avere bisogno di aiuto?"
Quindi rispondiamo sì per paura di perdere un amico, il *partner*, etc. Facciamo nostro il concetto: "a un amico non si rifiuta nulla". Il giudizio è, quindi:

1. bisogno di approvazione;
2. paura della critica.

Il giudizio ha un ruolo determinante in tutte le situazioni sociali: con gli amici, con i familiari, con l'autorità, con il *partner* e anche in situazioni commerciali.

IL GIUDIZIO E GLI AMICI

Un nostro caro amico ci chiede un favore. Noi non abbiamo voglia di farlo, ma non sappiamo come dirglielo e cerchiamo delle "scuse". Nel dialogo che segue, Paolo chiede un favore a Gianni, che vorrebbe rifiutare.

PAOLO: Oggi pomeriggio arriva all'aeroporto mia zia da Londra. So che sei libero, mentre io non posso assolutamente allontanarmi dall'ufficio. Ti sarei molto grato se andassi a prenderla. (Questa è una normale richiesta, ma Gianni non ha voglia di andare, perché la zia di Paolo gli è antipatica e il pensiero di trascorrere un pomeriggio in sua compagnia lo infastidisce molto).
GIANNI: Andrei volentieri ma, purtroppo, ho promesso a mio padre che oggi lo avrei accompagnato a fare acquisti. (Per non essere giudicato negativamente dall'amico, Gianni elabora

delle scuse, poiché non ha il coraggio di dire ciò che pensa realmente).

PAOLO: Non ti preoccupare, non è un problema. Mia zia arriva all'aeroporto alle 15.00, quindi, ti rimane tutto il tempo per accompagnare tuo padre, visto che i negozi chiudono alle 19.30.

GIANNI: Va bene, allora andrò a prenderla. (Ovviamente, sarà risentito nei confronti di Paolo, ma l'amico non ha nessuna colpa, il problema è suo che non sa rifiutare).

Gianni commette due errori cognitivi:

1) a un vero amico non si può rifiutare nulla: cosa penserebbe di me?
2) se fosse più "sensibile", non mi farebbe certe richieste.

Il primo errore pone Gianni in una condizione di passività e lo conduce al secondo errore: "un vero amico capisce senza che ci sia bisogno di parlare".

Ma la vera amicizia significa poter parlare liberamente, senza paura di essere giudicati. Il rapporto diventa più semplice quando siamo in grado di dire "no".

Sicuramente, avrete anche voi degli amici passivi e, quindi, sapete quanto sia difficile chiedere loro qualcosa, perché anche se rispondono "sì" potrebbero voler dire "no". Quando si decide di andare a vedere un film o di andare al ristorante, siamo sempre noi a decidere e, da un lato, può essere comodo, in quanto risparmiamo tempo ed evitiamo discussioni. Spesso, le persone aggressive stabiliscono rapporti con persone passive. Questo rapporto può tornare utile a entrambi, anche se, col passar del tempo, tende a incrinarsi. Il soggetto passivo, infatti, si stufa di subire costantemente e diventa aggressivo. In un primo momento lascia che siano gli altri a prendere le decisioni, ma poi li critica. Frequenti sono le frasi tipo: "Hai scelto di andare a vedere quel film, ma era veramente brutto", però continua a lasciar prendere le decisioni agli altri. Una persona aggressiva, di fronte a un simile comportamento, pone immediatamente fine al rapporto, dicendo: "Visto che tocca sempre a me decidere, ma poi le mie scelte non ti soddisfano mai, anzi, mi critichi costantemente, mi sono stancato!" Un assertivo, invece, cerca di giungere a un compromesso. Ad esempio, può affermare: "Questa volta ho deciso io ma, per favore, la prossima volta decidi tu". Emettendo questo comportamento, non ci aspettiamo che l'amico cambi rapidamente, ma cerchiamo solo di attenuare la sua critica nei confronti della nostra scelta. In ogni caso, è inutile continuare un rapporto che per noi è troppo "oneroso".

Abbiamo visto come il giudizio sia legato all'approvazione e alla critica. La paura del giudizio ci rende dipendenti dagli altri e incapaci di gestire le critiche. Ricordiamoci sempre che, se sbagliamo, siamo noi a pagarne le conseguenze. SOLO NOI ABBIAMO IL DIRITTO DI GIUDICARE IL NOSTRO COMPORTAMENTO. Questa affermazione ha valore se è rivolta, in particolare, alle persone passive. Gli assertivi, infatti, tengono presente il giudizio altrui, lo valutano e, se gli è utile, lo accettano. Loro sono disponibili a modificarsi, non per far piacere agli altri, ma solo a sé stessi. Gli aggressivi non prestano attenzione all'opinione altrui. Solo il loro modo di comportarsi è quello giusto, quindi, non possono cambiare.

Vediamo un altro esempio sulla difficoltà di rifiutare. Silvana ha trascorso una serata con l'amico Franco, che vorrebbe stabilire un rapporto più "intimo" con la donna e, a questo riguardo, è stato piuttosto insistente. Lei non ha intenzione di rivederlo. Quando l'uomo le telefona per invitarla nuovamente a cena, Silvana risponde: "Questa settimana sono molto impegnata, non penso di avere il tempo per incontrarti". Franco richiama dopo alcuni giorni e Silvana inventa un'altra scusa. Ovviamente, dopo alcuni tentativi, Franco non la cercherà più. Ma cosa ha impedito a Silvana di dire chiaramente che non aveva più intenzione di uscire con lui? Il suo modo di pensare. La donna, infatti, è convinta che, rifiutando l'invito, lo avrebbe offeso e, quindi, lui l'avrebbe considerata maleducata. Questo modo di ragionare, in un primo momento, causa disagio e, successivamente, aggressività. Silvana non dà risposte chiare, ma "pretende" che Franco capisca. Lui, all'inizio, non comprende la comunicazione "nascosta" nelle parole di Silvana e lei diventa aggressiva, dicendosi: "Com'è possibile che non capisca?" L'uomo, dopo un po' di tempo, recepisce il messaggio, e pensa: "Perché non mi ha detto subito che non aveva intenzione di uscire con me, invece di inventare tutte quelle scuse?" Ricordiamoci che, se gli altri non capiscono, "la colpa è solo nostra".

IL GIUDIZIO E I FAMILIARI

Alcuni dei miei clienti affermano che, per loro, è difficile gestire i giudizi dei familiari che sono, ovviamente, sempre negativi e/o colpevolizzanti.

Clara racconta: "All'età di ventidue anni ho deciso di sposarmi, anche se i miei genitori non condividevano la mia decisione. Mio padre, come sua abitudine, mi ostacolava apertamente, mia madre, invece, usava frasi come: "Lo diciamo solo per il tuo bene...". Mi sono sposata contro il loro parere. Dopo circa due anni di matrimonio mi sono separata. I miei hanno giudicato negativamente il mio divorzio perché, nel frattempo, si erano affezionati a mio marito e, quindi, hanno deciso che la colpa era solo mia. Dopo otto anni dalla separazione ho trovato un nuovo compagno. I miei genitori criticano anche questo rapporto, perché lui ha vent'anni più di me. Io sto molto bene con il mio *partner*, una persona mite e comprensiva, ma continuo a non riuscire a gestire il rapporto con i miei genitori. Loro lo hanno accettato, ma cercano sempre di intromettersi nella mia vita. Ad esempio, esigono che tutte le domeniche si vada a trovarli. Se dico a mio padre che ho altro da fare, mi fa sentire in colpa: "Pensi solo a te stessa e a divertirti. Ma la vita è fatta anche di doveri".

Nel comportamento dei genitori di Clara individuiamo due comportamenti manipolativi abituali:
1) il giudizio negativo o critica manipolativa, facilmente osservabile quando gli altri non si comportano secondo le nostre aspettative;
2) la "benevolenza", e cioè: "Per il tuo bene fai come voglio io".

Vediamo ciò che Clara deve apprendere per riuscire a gestire i genitori:

1) valutare le proprie risposte emozionali quando si sente aggredita;
2) discriminare il tipo di comportamento che i suoi genitori stanno mettendo in atto: se è o non è manipolativo;
3) programmare risposte competitive nei loro confronti;
4) a seguito del suo comportamento competitivo, attendersi un incremento di aggressività da parte loro.

Clara trovava particolarmente difficile valutare e gestire le proprie risposte emozionali. Fortunatamente, il disagio provato non era così intenso da non permetterle di differenziare il comportamento dei genitori. Quando si è in grado di farlo, si potrà, col tempo, adottare risposte competitive. Clara ha iniziato a replicare: "Capisco che ti faccia piacere vedermi, ma io ho già preso altri impegni". Quando il padre insisteva, cercando di farla sentire in colpa, non cedeva e restava sulle sue posizioni. In un primo momento, c'è stato un aumento di aggressività da parte di lui, durato alcuni mesi. Successivamente, pur continuando a non condividere il comportamento della figlia, ha iniziato ad accettarlo, le critiche si sono ridotte, anche se non estinte del tutto.

Non sempre sapere ciò che si deve dire può essere sufficiente. Come nel caso di Luisa, una donna di cinquant'anni, sposata, due figli, il cui marito è spesso fuori casa per lavoro. Abitano in una villa a due piani e, in quello superiore, vivono i suoceri. La signora è palesemente passiva. Spesso, la suocera scende dalla nuora per controllare cosa stia facendo. Ad esempio, entra in cucina e le dice: "Devi preparare cibi più nutrienti, quello che stai cucinando non è adatto per degli uomini". Questo comportamento è causa di forte disagio per la mia cliente e le procura risposte emozionali molto intense, quindi, tace e fa cosa vuole la suocera. Insieme decidiamo che deve diventare più competitiva. Quando la suocera andrà a casa sua e vorrà imporre la sua volontà, dovrà ribattere: "Se vieni per darmi consigli, mi fai piacere ma, in ogni caso, sappi che questa è casa mia e, pertanto, decido io ciò che è bene e ciò che è male per la mia famiglia". Prova molte volte a ripetere la frase e, presto, si presenta l'occasione di dirla ma, quando la donna entra in cucina ed espone le sue critiche, Luisa sta, come sempre, zitta. Solo quando l'altra si allontana, ricorda ciò che avrebbe dovuto dire. La sua presenza le attiva risposte emozionali così forti da farle dimenticare quali siano le risposte adeguate. A questo punto, le ho insegnato a utilizzare la tecnica del rilassamento e poi, quando si trovava in questa condizione, le facevo visualizzare, a livello mentale, la donna che si comportava in maniera aggressiva nei suoi confronti. Piano piano, si è abituata a rimanere rilassata, pur rappresentandosi mentalmente la suocera. Successivamente, ho iniziato a criticarla come faceva lei, mentre la mia cliente doveva tenere sotto controllo le proprie risposte emozionali. Solo quando è stata in grado di controllarsi, è riuscita a competere con la suocera.

Ora la sua abilità nel competere si è incrementata e cerca di far rispettare i propri diritti. Anche se i successi sono solo al 50% circa, è in grado di competere quando è attaccata direttamente. Se, invece, nei suoi confronti, viene usata una manipolazione basata sulla "benevolenza", continua a cedere. In ogni caso, considerando che all'inizio non era in grado di farlo in nessuna situazione, ora è sicuramente più sicura e decisa. Il suo processo di modificazione è lento ma almeno, adesso, è capace di capire quando è passiva e subisce la manipolazione altrui.

IL GIUDIZIO E L'AUTORITA'

Stiamo per andare a sostenere un esame, siamo tesi e agitati. Controlliamo per l'ennesima volta la nostra preparazione, ma ciò non basta a ridurre il nostro stato di ansia. Avvertiamo crampi allo stomaco. Arriviamo nell'aula e aspettiamo l'appello. Non possiamo più fuggire. Inizia l'esame. Sta passando il primo studente, che non risponde prontamente. Il professore lo riprende: "Non mi sembra molto preparato, proviamo con un'altra domanda. Se non saprà rispondere neppure a questa, sarò costretto a mandarla via". L'esaminando tace e viene respinto. Osserviamo il viso del professore e notiamo che non sorride mai, anzi, si mostra piuttosto irritato per l'impreparazione degli allievi. Tocca a noi passare e ci sentiamo molto agitati. Ci sediamo e, in modo meccanico, rispondiamo alle domande. Superiamo l'esame. Potremo ancora preoccuparci per il prossimo esame? Direi di sì. Prima di ridurre il livello di ansia, è necessario superare molti esami. Molti genitori, nell'educare i figli, raccomandano: "Devi fare bella figura di fronte alle persone che contano, perché il loro giudizio è molto importante". Così, quando ci troviamo di fronte a una persona che noi investiamo di "autorità" e vogliamo fare "buona impressione", entriamo in ansia.

Chi attribuisce molta importanza al giudizio altrui si può comportare in due modi. Con coloro che hanno meno "potere" diventa aggressivo, tende a inferiorizzarli e a sottometterli; con le persone che ritiene più "potenti" si sottomette e si trasforma in passivo. In questi casi vale l'affermazione che: TUTTI SONO IMPORTANTI, MA NON TROPPO. Se accettiamo questo concetto, non modifichiamo il nostro comportamento in funzione del "potere" che attribuiamo agli altri.

Abbiamo attribuito molta importanza allo stile educativo dei genitori. Non bisogna, però, trascurare la rilevanza della scuola. Gli insegnanti, in particolare nel periodo delle elementari, hanno un grande potere. Se dovessi affidare un incarico a un insegnante, valuterei, prevalentemente, le sue abilità sociali. Nel mondo del lavoro si dà rilievo a tali capacità, inserendo, a livello dirigenziale, persone in grado di interagire bene con gli altri. Sembra veramente strano che, nel mondo della scuola, non si tenga in considerazione se un insegnante sia in grado di comunicare con gli allievi. La carenza di tale capacità crea, in aula, una situazione di tensione. Gli studenti che apprendono sono pochi, gli altri vengono giudicati negativamente. Ricordiamoci sempre, però, che se gli altri non capiscono, la colpa è nostra, in quanto non siamo partiti dal loro "livello operante". Fare ciò, significa delineare un comportamento e, quindi, definire le abilità o disabilità che possiede un individuo. Al contrario, il giudizio, sia positivo che negativo, ha sempre un carattere soggettivo. Una valutazione negativa è utile solo a chi la usa, in quanto, impiegandola, si sente deresponsabilizzato (vedi capitolo sull'errore).

La nostra cultura ci ha abituati a usare il giudizio negativo. Anche se è difficile individuare quanto di positivo c'è negli altri, dobbiamo provare a farlo, perché è utile per noi. Ad esempio, dobbiamo presenziare a un incontro di lavoro e abbiamo valutato sfavorevolmente la persona che dobbiamo incontrare. Prima del colloquio siamo tesi e rischiamo di sviluppare toni aggressivi.

Vediamo il seguente schema:

1. giudichiamo negativamente una persona (ad esempio, riteniamo che si sia comportata male nei nostri confronti);

2. la vediamo o la incontriamo;
3. attiviamo risposte emozionali negative;
4. tendiamo a evitarla o ad aggredirla.

Ma ciò non è vantaggioso per noi, per cui, dobbiamo mantenerci tranquilli e affabili. Proviamo a cercare qualcosa di positivo o di "buffo" nell'altro, ci servirà per ridurre la nostra tensione o aggressività. Non è "ipocrisia" cercare strategie per ridurre la nostra agitazione, massimizzando i risultati.

L'importanza che attribuiamo al giudizio altrui ci spinge in uno stato di costante frustrazione. Alcuni miei clienti, pur avendo raggiunto un notevole benessere economico, provano spesso ansia e insoddisfazione. Nel caso che descriverò non si individuano particolari problemi con l'autorità ma, l'opinione di coloro che riteniamo "importanti" può essere, ugualmente, fonte di turbamento.

Aldo ha quarantatré anni ed è un importante uomo d'affari. Non avendo genitori benestanti, è il classico uomo che si è "fatto da solo". I suoi modelli sono sempre stati individui che avevano raggiunto il potere economico. Abile manager, ha raggiunto un notevole benessere finanziario. È riuscito a emulare le persone che riteneva "importanti", ma non si sente appagato, perché vuole dimostrare di valere. "Ma a chi?", gli chiedo. "A me stesso", risponde. Le auto di lusso che compra, le belle donne con cui esce, tutto è orientato a dimostrare agli altri i traguardi raggiunti. Ma tutto ciò è molto costoso per Aldo, non in termini di denaro, ma in termini di "immagine" che deve mantenere. Gli errori cognitivi di Aldo sono:

1) devo dimostrare agli altri di valere;
2) ho bisogno di destare invidia negli altri.

Come vedete, non appare mai il termine "piacere". Non vi è nulla di male nell'acquistare una bella automobile, ma lo dobbiamo fare solo per noi stessi, perché ci piace e non per dimostrare agli altri il potere raggiunto. Quindi: NON DOBBIAMO DIMOSTRARE AGLI ALTRI DI VALERE. Non dobbiamo neanche dirci: "Debbo dimostrarlo a me stesso". Questo ragionamento non è altro che un riflesso del giudizio altrui. Chi si valuta correttamente adopera frasi quali: sono soddisfatto, mi piace, non mi piace. Tutte le sue affermazioni sono focalizzate su sé stesso, mentre l'affermazione "Voglio dimostrare", è centrata sugli altri.

Chi ha un lavoro dipendente è sempre sottoposto al giudizio dei suoi superiori. Spesso, nell'ambiente di lavoro, si crea un clima di costante tensione. Il voler "primeggiare" pone un dipendente contro l'altro. Per fare carriera si ha bisogno di valutazioni positive. Una strategia usata spesso, è quella di sminuire il collega per mettere in evidenza sé stessi. Alcune situazioni lavorative facilitano questo sistema. È il "parlar male di…". Lo possiamo trovare in tutti i gruppi sociali, anche in famiglia. A cosa ci può servire denigrare gli altri per acquisire dei meriti? Gli effetti favorevoli si manifestano a breve termine, in quanto creano aspettative in chi ci ascolta, ma ciò che importa sono i risultati concreti, che si vedranno solo col passare del tempo.

L'uso di queste strategie inferiorizzanti crea, sia in chi le adotta, sia in chi ascolta, delle aspettative. Chi le usa, pensa: "Devo dimostrare quanto valgo". Chi gli dà ascolto, pensa: "Vediamo quanto vale". Non è affatto detto che chi impiega questa tecnica, stia male quando non riesce a raggiungere il suo scopo, anzi, chi lo fa, tendenzialmente, è un aggressivo che si ipervaluta, e il mancato raggiungimento di un obiettivo, a suo parere, non dipende mai da lui, ma dall'incompetenza altrui.

IL GIUDIZIO E LE SITUAZIONI COMMERCIALI

Entriamo in un negozio per comprare una giacca. Ne abbiamo in mente un certo tipo, di un particolare colore. Vediamo il dialogo tra il cliente e il commesso.

CLIENTE: Circa un mese fa, avevo visto in vetrina una giacca scozzese con gli spacchi laterali.

COMMESSO: Sì, era un modello di fine serie, ormai superato. Provi questo nuovo modello, sono convinto che le starà perfettamente. Se ricordo bene, lei ha la taglia 50. (Il commesso esprime un giudizio negativo sulla giacca che il cliente vuole comprare e positivo su quella che vuole vendere).

CLIENTE: Non è proprio quella che volevo, ma la provo ugualmente.

COMMESSO: (Aiuta il cliente a indossare la giacca, si allontana di un passo e lo osserva mostrando approvazione). Le sta molto bene, si guardi allo specchio. (Il commesso continua a manifestare giudizi positivi. È una strategia manipolativa del tipo: io sono competente, se non ti piace è perché non capisci nulla di moda).

CLIENTE: (Pur non essendo molto convinto). Sì, è bella, ma non la sento comoda. (Vorrebbe dire che a lui non piace, ma tace e cerca scuse per non comprarla).

COMMESSO: Questo è un problema a cui si può ovviare facilmente. L'importante è che le piaccia. Dove la sente tirare?

CLIENTE: Sulla schiena e sotto le maniche. Penso non mi vada bene. (Continua a cercare delle scuse. Può essere vero che la giacca gli stia un po' stretta, ma ciò che il cliente continua a non riuscire a dire è che proprio non gli piace).

COMMESSO: Non si preoccupi. Ora vado a chiamare il sarto e vedrà che risolverà il suo problema in breve tempo.

A questo punto, l'uomo si sente costretto a comprarla. Vediamo gli errori cognitivi commessi dal cliente:

a. il giudizio del commesso è più importante del mio;
b. non devo far capire di essere incompetente nel campo dell'abbigliamento;
c. il commesso è molto gentile, non posso fargli perdere tempo senza comprare nulla.

In questo caso, la "distorsione cognitiva" non gli permette di conseguire l'obiettivo che si era prefissato, ovvero, comprare la giacca che voleva e, qualora non l'avesse trovata, andarla a cercare in un altro negozio. A livello di comportamento manifesto l'errore è aver comprato un indumento che non gli piaceva. Ricordiamoci l'importanza di questo tipo di comportamento. Tutti possiamo avere delle "distorsioni cognitive", ma ciò che conta è conseguire l'obiettivo che ci siamo prefissati. Nel caso di un acquisto, dobbiamo essere soddisfatti noi, non il commesso. Quando raggiungiamo un obiettivo, anche minimo, ci sentiamo gratificati. I successi di autoaffermazione che conseguiamo ci permettono di essere più sicuri nelle situazioni successive. Il cliente, quando esce dal negozio, dopo aver comprato una giacca che non voleva, si sente frustrato. Si dice: "Ma com'è possibile che non riesca mai a impormi e a dire chiaramente cosa voglio?" In questo modo verifica la propria inabilità a gestire anche contesti semplici, come un acquisto, e si valuta negativamente. Gestire situazioni commerciali non è particolarmente difficile, perché non c'è un coinvolgimento emozionale. In questi casi, è sufficiente non perdere di vista l'obiettivo che ci siamo prefissati. Nel caso che abbiamo descritto, il cliente avrebbe dovuto comportarsi nel seguente modo:

1) provare la giacca proposta dal commesso;
2) valutare se gli piaceva o no.

In caso non gli fosse piaciuta, avrebbe dovuto rispondere assertivamente: "è una bella giacca, ma non è quella che volevo".

All'insistenza del commesso avrebbe dovuto aggiungere: "Capisco quello che mi sta dicendo, ma non è quella che voglio. Grazie e arrivederci".

Bisogna usare la tecnica verbale del "disco rotto, ripetendo, senza alterarsi, ciò che si vuole dire e senza farsi coinvolgere nelle argomentazioni che non ci interessano.

IL GIUDIZIO E IL NOSTRO PARTNER

Analizziamo ora la situazione in cui il giudizio del nostro *partner* ci attiva intense risposte emozionali. Laura è a cena con il marito e altre tre coppie. Si sta discutendo sugli ultimi sviluppi politici e tutti esprimono la propria opinione. Laura espone il proprio parere. La reazione del marito è immediata e, con lo sguardo, mostra tutta la sua disapprovazione. La signora si sente immediatamente a disagio e non parla più per tutta la serata. Il sentirsi sempre valutati e osservati crea una tensione costante. Ma perché uno dei *partner* usa spesso giudizi negativi nei confronti dell'altro? Se ne individuano, prevalentemente, due motivazioni:

1) voglio che lui/lei non faccia "brutte figure" (non voglio che gli altri giudichino negativamente);
2) senza la mia guida non sa come comportarsi (che possiamo leggere: deve comportarsi come voglio io).

Se ci riconosciamo nell'affermazione: "gli altri non hanno il diritto di giudicarci", dobbiamo anche essere in grado, a nostra volta, di non giudicare. Ricordiamoci che siamo assertivi quando diciamo: "sto bene con...", "sto male con...", "mi piace", "non mi piace".

La frase: "Quella persona è antipatica", invece, tende a essere aggressiva. È meglio dire: "Io non sto bene con...", senza ricorrere a generalizzazioni. Quella persona, infatti, può essere antipatica a me, ma simpatica ad altri.

Quindi: NON È UN NOSTRO DIRITTO GIUDICARE GLI ALTRI.

Abbiamo già visto come, nell'amicizia, sia piacevole potersi esprimere senza dover calibrare ogni parola. Ciò vale anche per il rapporto di coppia. Dobbiamo poterci esprimere liberamente e, se ciò non va bene al nostro *partner*, è meglio discuterne insieme. Accettiamo le critiche che possono esserci d'aiuto, ma opponiamoci a quelle manipolative.

Un mio cliente ha una moglie che lui definisce "insopportabile". Quando sono insieme, lei non gli lascia mai prendere la parola e, spesso, lo critica di fronte agli amici e ai colleghi. Siccome questo era solo il punto di vista dell'uomo, decido di vederli insieme. La moglie inizia a parlare e io la interrompo per sentire ciò che ha da dire il marito. Appena lui apre bocca, lei lo interrompe. Si dimostra davvero aggressiva nei suoi confronti. È una donna sicura di sé e sa ciò che vuole. Mi dice che è sempre lei a prendere le decisioni importanti, perché lui non è in grado di farlo.

Alla seduta successiva rivedo il mio cliente da solo. Mi chiede: "Ora che ha conosciuto mia moglie, si è reso conto di che pessimo carattere ha?" Vorrebbe che giudicassi sfavorevolmente la moglie. Ma quale può essere l'utilità di un mio giudizio negativo? Nessuna. Chi sta male è il mio cliente, non la donna. È lui che deve imparare a gestire il proprio disagio in presenza della moglie. Quando lei lo aggredisce, lui avverte i crampi allo stomaco. È evidente che discutere a lungo sul "cattivo carattere" della moglie non reca alcun vantaggio, visto che la signora non ha intenzione di cambiare: lei sta bene così. Una volta accettato che la moglie non cambierà, l'uomo si trova di fronte a due possibili strategie per non stare più male, dove lo sviluppo della prima esclude automaticamente la seconda: fare ciò che è possibile per controllare il proprio disagio di fronte all'aggressività della moglie, o, se non riuscirà ad attuarla, valutare la possibilità di una separazione coniugale. Ora, a distanza di due anni, il mio cliente sta bene. Da un anno e mezzo è separato.

IL GIUDIZIO E LA SOCIETA'

Un'affermazione che sentiamo frequentemente è: "Nella vita è importante avere dei valori in cui credere". Ma è molto difficile decidere quali debbano essere quei "valori", in quanto ogni persona è differente e, quindi, ognuno ha i propri. Ecco una prima possibile obiezione: "Vi sono valori universali che tutti accettano". Se siete d'accordo con questa affermazione potrebbe essere complicato, per voi, accettare un punto di vista diverso. Pensate a ciò che voi ritenete importante, come il concetto di amicizia, di famiglia, di religione, di nazione, etc.

Di sicuro, troverete un valore che reputate giusto. Fin qui tutto bene, non vi sono problemi. Ma quando i valori assumono maggiore importanza, iniziamo a irrigidirci sulle nostre posizioni e non accettiamo coloro che pensano e si comportano in modo differente dal nostro. Nascono, così, i pregiudizi, si formano gruppi che espellono il "diverso". Queste persone sanno distinguere chiaramente cosa è bene e cosa è male. Il valore in cui credono diventa "assoluto", solo loro possono giudicare. Ovviamente noi non raggiungeremo i loro elevati livelli di "Pensiero assoluto", ma, se proviamo a osservarci con attenzione, scopriremo che, spesso, anche noi siamo intolleranti con chi "sentiamo" diverso da noi. Se crediamo nella famiglia e la moglie di un nostro amico lo lascia, noi la condanneremo. Per quale motivo la giudicheremmo negativamente, visto che non ha fatto nulla a noi? Perché anche se non ci ha "offeso" direttamente, sentiamo che ha attaccato i valori in cui crediamo, quindi, è giusto biasimarla, poiché si comporta in modo "diverso".

Osserviamo il seguente schema:

1) situazione: la persona emette un comportamento;
2) il comportamento emesso non è "accettabile", perché contrario al nostro "universo di valori";
3) ciò ci disturba, proviamo disagio;
4) dobbiamo allontanare il disagio;
5) diventiamo aggressivi: condanniamo;
6) il disagio cessa, siamo soddisfatti del comportamento emesso, in quanto era quello "corretto".

Analizziamo la fase 3, in cui proviamo disagio e cerchiamo di evitarlo, attribuendolo al comportamento di un'altra persona che, secondo noi, emette un comportamento "errato". Di conseguenza, è giusto "condannarla". Nel capitolo sull'aspettativa, abbiamo visto che imputiamo il nostro disagio all'atteggiamento altrui perché vogliamo che gli altri si modifichino. Può darsi, però, che si comprenda che a dover cambiare siamo proprio noi. Chi ha un modo di pensare "assoluto", però, non si corregge. Il malessere che prova è solo momentaneo, la risposta aggressiva (il giudizio negativo) è immediata.

Se riteniamo sia importante poter comunicare con tutti, dobbiamo liberarci dai pregiudizi, capire i punti di vista altrui e individuare le "premesse" che non ci permettono di accettare gli altri. In questo modo, potremo trovare dei punti in comune per stabilire dei rapporti. Nei capitoli successivi, ci avvarremo di alcuni dialoghi che hanno come obiettivo quello di "smantellare" i preconcetti che tendono a farci irrigidire sulle nostre posizioni e che, quindi, non ci permettono di apprendere dal prossimo.

IL GIUDIZIO E LA PERFEZIONE

Maria è una giovane donna di 25 anni. Lavora come dipendente in una grande azienda. Presenta buone abilità sociali e parla diverse lingue. Quando, però, sul lavoro, le affidano mansioni per cui valutano possieda le specifiche capacità, lei rifiuta perché ha paura di esporsi e dichiara di non essere idonea per quel tipo di incarico. Afferma, anche, di non essere particolarmente soddisfatta dell'occupazione attuale.

Osserviamola: è precisa nel parlare e interviene solo quando è sicurissima di ciò che deve dire, è sempre affabile e gentile con tutti, veste in modo elegante e il suo comportamento è aggraziato.

Sembrano tutte qualità positive, allora cosa le impedisce di emergere?

Analizziamo un dialogo tra Maria e un suo amico, Marco.

MARIA: Vorrei cambiare lavoro, dedicarmi a qualcosa di più interessante e maggiormente remunerativo.

MARCO: Hai già qualche idea in proposito? È da circa un anno che mi dici che vuoi cambiare.

MARIA: Sì, è vero, perché non sono soddisfatta del mio impiego.

MARCO: Cos'è che non ti soddisfa?

MARIA: Non riesco a emergere, è un'attività ripetitiva e monotona.

MARCO: Però mi hai detto che, quando ti richiedono altre prestazioni, rifiuti.

MARIA: Sì, è vero: ho sempre paura di non essere abbastanza competente.

MARCO: Scusa, ma se vuoi cambiare, non devi esporti a situazioni nuove? In ogni caso, quale tipo di lavoro vorresti fare?

MARIA: Al momento, non ho nessuna idea.

MARCO: Ma tu hai tante abilità, dovresti individuare quali possono essere i lavori per cui sono richieste le tue competenze.

Dopo sei mesi da questo dialogo, Maria è ancora al suo posto e, probabilmente, continuerà così per molto altro tempo ancora. Forse, in futuro, si rammaricherà per ciò che avrebbe potuto fare e non ha fatto. La paura del giudizio altrui, legata all'immagine che deve creare di sé, non le permette di passare al livello operativo. Parlare di ciò che si potrebbe fare, è utile solo se si passa all'azione, se ci si muove in quella direzione. Maria dovrebbe iniziare a "testarsi" sul lavoro che ha già, per poter valutare le sue reali capacità, ed esporsi al giudizio altrui e agli eventuali fallimenti. Non è un'abilità dimostrare di essere "perfetti", lo è resistere alla frustrazione generata da un "fallimento".

LA VALUTAZIONE DEL GIUDIZIO

A trenta dei miei clienti che presentavano tutti ansie sociali (venti donne e dieci uomini, di età compresa tra i ventitré e i quarantadue anni) ho chiesto di stabilire, in ordine d'importanza, le situazioni di "Giudizio", riferite alle seguenti relazioni: amici, familiari, autorità, *partner*, commercio.

Venticinque hanno dato la seguente sequenza: familiari e *partner* al primo posto; a seguire, gli amici, l'autorità e le situazioni commerciali.

Quattro hanno dato una sequenza simile alla precedente, ponendo l'autorità prima degli amici.

Un solo cliente ha dato la seguente successione: autorità, commercio, amici, familiari e *partner* all'ultimo posto.

Discutendo con loro sull'ordine indicato, ventinove hanno fornito la medesima risposta: "Con i familiari e il *partner* devo convivere, quindi, per me, sono le persone più importanti. Gli amici possono cambiare, oggi ci sono, domani no. Una persona autoritaria può generare ansia, ma non è detto che io la debba frequentare sempre. Le situazioni commerciali sono le meno rilevanti".

I quattro clienti che hanno posto l'autorità prima degli amici svolgono un lavoro dipendente e si sentono a disagio alla presenza dei superiori. L'unico che ha dato una sequenza totalmente invertita, è un giovane studente universitario di ventitré anni. All'università va molto bene, non ha mai preso un voto inferiore al trenta. Mi dice che nella vita vuole primeggiare. Alla mia richiesta di motivarmi la sua scelta, risponde: "L'Autorità per me è importante. Dovrò dipendere da persone dotate di potere per andare avanti nella vita, sono quelle che potranno aiutarmi. Ho inserito subito dopo le situazioni commerciali, perché non riesco a gestirle, mi trovo spesso a disagio. Gli amici, in qualche modo, possono tornare utili. All'ultimo posto ho collocato mia madre, mia nonna (il padre è morto alcuni anni prima) e la mia fidanzata. Mia madre, qualunque cosa farò, mi giudicherà sempre bene, non la perderò mai. Mia nonna è anziana e con lei non si può dialogare. La mia fidanzata, che conosco da anni, mi accetta come sono". In tutte e trenta le valutazioni sul giudizio, le persone sono state collocate in base all'importanza che avevano per ognuno di loro. Non vi è una classificazione da considerare più o meno giusta. I ventinove che hanno dato valutazioni simili hanno problemi con la famiglia, prevalentemente i genitori, il *partner* o l'autorità. Sono tendenzialmente passivi. Nel caso del giovane universitario, il dover lottare costantemente per primeggiare lo ha portato a un tale livello di deperimento fisico che non riesce più a sostenere esami.

L'importante è non star male. Quindi, quasi tutti dovevano apprendere a gestire i loro rapporti familiari, mentre lo studente doveva capire che, spesso, essere i primi è molto dispendioso.

Quando una persona ha individuato i giudizi o le critiche che maggiormente la disturbano, può preparare una risposta o meglio una "battuta" di spirito per ogni eventuale critica. È opportuno:

1) individuare le critiche alle quali si è maggiormente "vulnerabili",
2) stilare, se possibile, un elenco scritto delle stesse,
3) predisporre per ogni giudizio un'eventuale "battuta" di spirito.

In tal modo, non si attacca chi ci disapprova, ma si pone termine alla sua aggressività. Spesso, dopo aver subito una critica, ci sorge il dubbio: "Forse avrei dovuto dire così…", "Avrei dovuto dare un'altra risposta". Quindi, se non vogliamo rimanere solo a livello "d'intenzioni" e vogliamo modificarci realmente, dobbiamo predisporre risposte adeguate, risposte che dovranno diventare quasi "automatiche". Ad esempio, alla frase "Ti rendi conto che stai ingrassando troppo?", una risposta potrebbe essere: "Sì, ma a me piace mangiare".

LA VOLONTÀ

La volontà non esiste. Vi sembra impossibile accettare questa affermazione? Probabilmente sì. Ma cosa intendiamo per volontà? Spesso, sento la frase: "Non ho forza di volontà. Sono fatto così". Ma questa affermazione non serve a nulla, poiché non ci spinge a modificarci. È una dichiarazione totalmente passiva. Qualcuno dedica ore e ore di studio al pianoforte, un altro impiega venti ore per scalare una montagna, un ragazzino trascorre interi pomeriggi a programmare il suo computer. Può essere la volontà a spingere queste persone a impegnarsi?

Provate a chiederglielo. Vi risponderanno: "No. Mi piace farlo".

Le difficoltà incontrate, la sofferenza provata in alcuni momenti, le delusioni, se sono state accettate, diventano uno stimolo per progredire; queste persone hanno imparato a convivere con tutto ciò. Tendiamo a impegnarci nelle attività che ci gratificano e ci danno risultati, sia a breve che a lungo termine. Quindi, una persona può dimostrare "volontà" in un settore ma non in un altro. Lo scalatore che si impegna, per ore, su una parete difficile, può non essere capace di fare altrettanto con un lavoro ripetitivo e monotono; dopo poche ore si annoia, perché non è motivato.

Quindi: NON ATTRIBUIRSI E NON ATTRIBUIRE AGLI ALTRI LA MANCANZA DI VOLONTÀ.

LA VOLONTÀ E IL LAVORO

Ricordate il caso di Giorgio? Era impiegato in banca e il lavoro non lo gratificava. Quando parlo con la moglie, dice: "Quando ci siamo sposati, Giorgio lavorava in banca da tre anni e già allora si lamentava, non era soddisfatto". Quando le chiedo se lo ha invitato a cambiare attività, mi risponde: "Ma tutti i suoi colleghi sono soddisfatti, è un lavoro sicuro e tranquillo. Se solo lui avesse un po' più di volontà, lo accetterebbe. Quante cose si fanno nella vita che non si ha voglia di fare! Ma bisogna farle".

Quest'ultima è una frase ricorrente e può essere così parafrasata: "Volontà significa fare le cose che "dobbiamo" fare, non che "vogliamo" fare; non è volontà fare le cose che ci fanno piacere". Ma ciò che "dobbiamo" fare, lo facciamo per gratificarci o per far piacere a qualcun altro? Spesso, lo si fa non per il nostro bene, ma per il "bene" altrui.

Giorgio aveva difficoltà a cambiare lavoro perché incontrava due ostacoli:

1) la moglie, che non capiva per quale motivo il marito volesse lasciare un lavoro sicuro per uno insicuro;
2) i genitori, che vedevano, nel lavoro in banca, il raggiungimento di un "buon" livello sociale.

Sia la moglie che i genitori gli attribuivano scarsa volontà e adattabilità all'ambiente. Se Giorgio avesse cambiato lavoro, sia la moglie che i genitori sarebbero entrati in ansia. Quindi, per il "loro" bene, ha continuato a lavorare in banca e si è licenziato solo dopo quindici anni.

LA VOLONTÀ E IL CONTROLLO DEL PROPRIO COMPORTAMENTO

Carla pesa centocinque chili. Ha provato molte diete, ma senza risultati duraturi. In due mesi perde trenta chili, per poi recuperarli in altri due. Ha trentacinque anni, è sposata da dodici e ha due figli. È proprietaria di un negozio che gestisce con una commessa. Il marito è spesso fuori casa per lavoro. Carla, fin da ragazza, è stata obesa, ma il suo peso non era molto al di sopra della media. Negli ultimi otto anni ha iniziato ad aumentare di peso, per raggiungere, quattro anni fa, quello attuale, ovvero, centocinque chili. È fermamente decisa a dimagrire. Le consiglio di tenere un diario dettagliato su cui annotare tutto ciò che mangia, con particolare attenzione a ciò che consuma fuori pasto. La rivedo dopo una settimana. È stata molto scrupolosa nel tenere il diario su cui ha riportato l'ora in cui ha mangiato, la quantità di alimenti, l'ansia che provava in quel momento ed eventuali eventi antecedenti all'ingestione del cibo.

Si vogliono verificare le seguenti ipotesi:

1) esistono eventi ansiogeni antecedenti all'assunzione del cibo?
2) esiste una correlazione positiva tra livello d'ansia (valutato soggettivamente) e l'assunzione di cibo?

Prima ipotesi: si individuano eventi ansiogeni. Carla non è in grado di gestire i rapporti con i suoceri, con il marito e con la madre. Con tutte queste persone è passiva-aggressiva. Quando, in una situazione interpersonale, emette comportamenti non adeguati, prova ansia per alcuni giorni.

Seconda ipotesi: Carla, quando prova ansia elevata, tende ad alimentarsi con maggiore frequenza. Nei giorni in cui è più ansiosa arriva a fare otto/dieci spuntini fuori pasto. Gli alimenti preferiti sono quelli a base di zucchero. Quindi, la risposta alla seconda ipotesi è "sì", esiste correlazione tra ansia e cibo.

Quando si alimenta in modo eccessivo si sente colpevole. Non riuscendo a controllarsi, si ripete: "Non riuscirò mai a dimagrire". Questo atteggiamento la porta verso la depressione, con incremento dell'ansia. Questo circolo vizioso può essere così rappresentato:

ANSIA SOCIALE
↓
CIBO
↓
COLPA
↓
DEPRESSIONE
↓
ANSIA SOCIALE.

In questo caso, non si può dire che la mancanza di volontà sia la causa dell'iperalimentazione. Se le ipotesi che abbiamo formulato sono corrette, acquisire abilità sociali dovrebbe ridurre il suo livello d'ansia e, quindi, l'assunzione di cibo. Nel caso di Carla è stato necessario insegnarle a gestire la propria ansia sociale, pur prevedendo che acquisire abilità sociali potesse non essere sufficiente, poiché, ormai, si era creato uno stretto legame tra visione del cibo e risposta alimentare. L'attenzione doveva essere focalizzata sul controllo dello stimolo "cibo", allontanandolo dalla sua vista. Ad esempio, se era seduta davanti al televisore, doveva spostare la scatola di cioccolatini che teneva lì vicino. Solo quando si fosse rotto il legame visione del cibo = alimentazione, Carla sarebbe riuscita a perdere peso.

Spesso, emettiamo risposte sproporzionate alle situazioni, pur consapevoli della loro inutilità. Ci ripetono che, con un po' di volontà, saremo in grado di controllarci, ma per noi è molto difficile. Dopo esserci comportati in maniera inadeguata, tentiamo di giustificarci. Abituali sono frasi quali: "Mi ha fatto arrabbiare. Non doveva comportarsi così. È ovvio che poi mi arrabbio!" Dobbiamo modificare queste espressioni, visto che, formulate in questo modo, non ci sono di nessuna utilità. Quindi, NON AUTOGIUSTIFICHIAMO IL NOSTRO COMPORTAMENTO. Non controllare le risposte emozionali, unito alla giustificazione, mantiene inalterata la nostra condotta. Non si può, quindi, parlare di non volontà ma di "disabilità" nel controllarsi. Il nostro comportamento inadeguato può essere così schematizzato:

SITUAZIONE STIMOLO
↓
RISPOSTE EMOZIONALI
↓
COMPORTAMENTO INADEGUATO
↓
AUTOGIUSTIFICAZIONE DEL
COMPORTAMENTO INADEGUATO

La difesa del nostro comportamento non ci permette di modificarlo, anzi, fa accrescere la probabilità di comportarci nello stesso modo in una situazione simile.

Proviamo a variare le frasi di autogiustificazione:

1) "Mi ha fatto arrabbiare". Sono io che mi sono arrabbiato, quindi, dobbiamo dire: "Mi sono arrabbiato".

2) "Non doveva comportarsi così". Non dobbiamo aspettarci che gli altri si comportino come vogliamo noi. Se io sono stato male, devo chiedermi come fare perché questo non accada più. Quindi, dobbiamo dire: "Come devo modificare il mio comportamento?"

3) "È ovvio che poi mi arrabbio". Visto che arrabbiarsi non è di alcuna utilità, dobbiamo dire: "Se si ripresenterà un'analoga situazione, cercherò di non arrabbiarmi".

IL FRATELLO COLPEVOLIZZANTE

Spesso, il nostro modo di pensare non permette di modificarci.

Ecco un esempio, Carlo e Sergio, due fratelli tra cui non vi è comunicazione.

CARLO: Per quale motivo ieri sei andato a trovare nostra madre? Di solito, vai da lei solo una volta al mese, mentre io passo due o tre volte alla settimana. Non essendo più giovane, ha bisogno di aiuto, e può contare solo su di me. (È palese il suo comportamento aggressivo, che usa la colpevolizzazione).

SERGIO: (L'atteggiamento del fratello gli dà fastidio e, quindi, emette risposte emozionali, pur cercando di farlo calmare). Vado dalla mamma quando penso ne abbia bisogno. Andare più frequentemente mi è difficile. Poi, sai com'è la mamma... si lamenta sempre per malesseri che non ha. Ultimamente, si è sottoposta a tutti i controlli medici possibili e, per i suoi settant'anni, sta benissimo.

Ogni volta, però, espone i suoi problemi per due ore e, quando esco da casa sua, sto male. (Sergio ha comunicato al fratello il motivo delle sue rare visite alla madre e si aspetta che lui capisca).

CARLO: È facile, da parte tua, parlare così. In questo modo scarichi tutte le responsabilità su di me. Mi sembra troppo comodo. (Continua ad aggredire, colpevolizzando il fratello).

SERGIO: (Il suo voler "far ragionare" il fratello non ha dato i risultati sperati. È sempre più teso e il pensiero che Carlo "capisca" diventa "non vuole capire"). Forse ti sei dimenticato di quando hai avuto l'incidente d'auto. In quella situazione sono accorso subito all'ospedale, ti ho trovato i medici più preparati e ti ho fatto trasferire in una clinica privata perché tu avessi le cure migliori. E, se ben ricordi, ho pagato tutto io, visto che tu avevi

difficoltà finanziarie. Quindi, proprio tu, mi accusi di non interessarmi; quando è stato necessario, sono sempre stato presente. (Sergio ha reagito attaccando il fratello, colpevolizzandolo a sua volta, sperando, così, di ridurne l'aggressività).
CARLO: Bene! Adesso mi rinfacci anche quanto hai fatto per me. Ma chi ti ha aiutato a trovare lavoro? Non fosse stato per le mie conoscenze non avresti combinato nulla. (Entrambi stanno recuperando episodi del passato; ecco un'altra strategia manipolativa, ricordare i favori resi. Si tratterà più ampiamente questo argomento nel capitolo sul "Sacrificio").
SERGIO: Visto che non intendi ragioni, me ne vado.

Osserviamo ciò che è successo, dal punto di vista di Sergio, e poniamogli alcune domande:

Domanda: il comportamento di Carlo le procura malessere?
Risposta: sì, mi fa star male.
Domanda: è mai riuscito a modificare il suo atteggiamento?
Risposta: no! Non ci sono mai riuscito.

Chiediamoci: per quale motivo Sergio insiste ad agire in un modo che non dà risultati positivi?
Vediamo il seguente schema:

1) situazione stimolo: Carlo aggredisce;
2) risposta emozionale di Sergio;
3) Sergio cerca di far ragionare il fratello;
4) Carlo non capisce (per Sergio, non "vuole" capire);
5) Sergio aggredisce Carlo;
6) dopo l'aggressione, Sergio sta male;
7) Sergio autogiustifica il proprio comportamento.

In questo caso osserviamo in Sergio alcuni errori cognitivo comportamentali.

1) La sua attenzione è rivolta alla situazione stimolo: Carlo aggredisce. Visto che questa modalità gli crea malessere (risposta emozionale), vuole modificarla. Ma il fratello non è mai cambiato (vedi domande precedenti).
2) Sergio vuole far ragionare il fratello, anche se lui non gli presta attenzione. Persiste in questo comportamento perché l'altro "deve" capire: è solo questione di "volontà".

Ora, le conclusioni sono ovvie: Sergio non deve convincere il fratello, dal momento che è impossibile farlo. Non deve più focalizzare la sua attenzione sul suo comportamento aggressivo.

Vediamo come avrebbe dovuto comportarsi:

CARLO: Per quale motivo ieri sei andato a trovare nostra madre? Di solito, vai da lei solo una volta al mese, mentre io passo due o tre volte alla settimana. Non essendo più giovane, ha bisogno di aiuto, e può contare solo su di me.
SERGIO: (Non accetta la provocazione.) Ti ringrazio molto per le attenzioni che le presti.
CARLO: Ma, visto che è anche tua madre, potresti interessartene un po' di più. (Continua l'aggressione).
SERGIO: (Continua a non accettare l'aggressione e non giustifica il proprio comportamento). Capisco che tu sia preoccupato per la mamma ma, ti prego, non chiedermi di fare altrettanto (tronca la conversazione).

In questo caso Sergio non aggredisce (comportamento che gli causava disagio) ma, cosa ancora più importante, non subisce. Quando è da solo, si dice: "Capisco che Carlo abbia problemi con la mamma, e me ne dispiace. Ma questo è un problema suo, non mio". Ben diversa è questa affermazione se la confrontiamo con l'autogiustificazione che avrebbe fatto seguito al suo comportamento aggressivo: "Ogni volta mi fa arrabbiare, non vuole proprio capire le mie ragioni; è una persona impossibile".

Un'affermazione del genere non predispone nessuno dei due a modificare il proprio comportamento, anzi...!

L'ORGOGLIO

Abbiamo già trattato della ipervalutazione contenuta nell'aspettativa e come, spesso, un'eccessiva considerazione di noi stessi non ci permetta di raggiungere gli obiettivi che ci siamo prefissati. L'orgoglio può essere definito come un eccesso di autostima. Le persone orgogliose si attendono che tutti li apprezzino come fanno loro stessi. L'orgoglioso si attribuisce importanza, e, quindi, automaticamente, è importante. Gli altri valgono, ovviamente, meno di lui, devono prestargli attenzione e approvare tutto ciò che dice. Gli "altri devono", mentre lui non deve nulla agli altri.

UN MODO ERRATO DI INIZIARE UN RAPPORTO

Carlo incontra Franca a una cena e scatta subito una reciproca attrazione. Nessuno dei due è timido, quindi, la comunicazione è immediata e, a fine serata, decidono di ritrovarsi. Carlo sa che la sera dopo lei è libera, e siccome anche lui non ha impegni, avrebbe piacere di vederla, ma decide di rimandare l'incontro di una settimana. Per quale motivo si comporta così? Sembra piuttosto incongruo desiderare di vedere una persona, sapere di poterlo fare e rimandare l'appuntamento. Ma Carlo pensa: "Franca mi attrae molto, ma non voglio farglielo capire perché perderei il vantaggio che ho. Lei ha detto che le piaccio, ma ritengo sia meglio non mostrarmi troppo disponibile, in quanto diventerei meno interessante". La sera del loro primo incontro, dopo cena vanno a casa di Franca. Trascorrono una serata piacevole e si trovano bene nel fare l'amore. La donna è estroversa, ha molti interessi e molti amici. È sua abitudine prendere dalla vita ciò che arriva, senza porsi troppe domande, né crearsi inutili dubbi. Carlo, invece, vuole "gestire" i rapporti interpersonali e pensa sia una buona strategia creare nel *partner* una sorta di ansia da attesa. Quando si lasciano, l'uomo le dice: "'Ti telefono, ma non penso che riusciremo a vederci questa settimana perché ho da fare". "Va bene! - risponde lei - Quando sei libero, chiamami, mi farebbe piacere rivederti perché sono stata bene con te. Ti chiedo solo di avvisarmi qualche giorno prima, così mi organizzo e non mi prendo impegni".

Franca è abituata a non dipendere da nessuno; se Carlo telefonerà, sarà contenta ma, se non succederà, non sarà un problema e la sua vita proseguirà come prima.

Carlo, invece, si dice: "Adesso non devo farmi vedere troppo interessato, devo aspettare prima di chiamarla, così saprò se è davvero attratta da me".

Carlo pensa di gestire Franca e, nel tentativo di non voler apparire troppo innamorato, aspetta a telefonarle e, nell'attesa, soffre.

Lei, nel frattempo, continua tranquillamente la propria vita.

In questo caso, da parte di Carlo, non osserviamo una ipervalutazione, ma un comune errore cognitivo: non si devono manifestare i propri sentimenti. Quindi, non si possono usare frasi quali: "Mi trovo molto bene con te", "Mi piaci", "Ti voglio bene". Molti mi hanno detto che trovano queste frasi troppo compromettenti, poiché ci si espone troppo. Può esserci utile un tale modo di ragionare? Otteniamo qualche risultato positivo? Quando emettiamo un comportamento, lo facciamo per ottenere qualcosa, anche se fosse solo una momentanea riduzione del disagio che stiamo provando. Ad esempio, una persona ci critica spesso e, quindi, cerchiamo di evitarla. Fare ciò può ridurre, momentaneamente, il nostro fastidio, anche se non ci permette di risolvere a nostro vantaggio la situazione disturbante.

Vediamo di capire perché non usiamo le frasi cosiddette "compromettenti". Perché abbiamo paura del rifiuto, della non accettazione, e, perciò, ci rifugiamo nel concetto "Sono troppo orgoglioso per accettare un rifiuto".

Nel seguente schema si evidenziano le varie fasi:

1) situazione: la persona mi piace;
2) devo farle capire che mi interessa;
3) ho paura della sua risposta negativa;
4) trovo delle autogiustificazioni: non voglio compromettermi;
5) evito di comunicarle il mio interesse;
6) mi dico che sono troppo orgoglioso;
7) non raggiungo l'obiettivo che mi ero prefissato, cioè, di frequentare la persona che mi attrae;
8) nuova autogiustificazione: questa persona non mi interessa, mi ero sbagliato.

Anche se non permette di ottenere un esito positivo, l'autogiustificazione ci permette di non "vedere" l'insuccesso e, quindi, di non provare disagio.

L'ORGOGLIO E IL LAVORO

Andrea, da un anno circa, fa il rappresentante di commercio. La ditta per cui lavora gli ha affidato un portafoglio clienti e richiede un determinato fatturato. A fine anno, non ha raggiunto il fatturato previsto e ha anche perso molti clienti. Ovviamente, viene rimosso dall'incarico. Per capire cosa sia successo, osserviamo un dialogo tra Andrea e il suo amico Marco.

ANDREA: Sai che mi hanno licenziato?

MARCO: Era un buon lavoro, mi dispiace molto. Cosa è successo?

ANDREA: In questo tipo di attività si devono intrattenere rapporti con persone insopportabili, alcuni clienti sono arroganti e ci trattano male.

MARCO: Lo capisco, ma il tuo compito era vendere, non preoccuparti della scarsa gentilezza dei clienti.

ANDREA: Per te è facile parlare così ma, se una persona ha un po' di dignità, non può accettare di essere trattato male. Un cliente non può permettersi di usare un tono arrogante dicendo: "adesso non ho tempo", "aspetti qui fuori", "ma è di nuovo qui?"

MARCO: Così facendo, però, avrai perso molti clienti e, forse, tra questi, alcuni acquistavano molta merce.

ANDREA: Non riesco a capirti: tu saresti stato lì, fermo di fronte al cliente, a farti trattar male? No, io non lo accetto; se un cliente si comporta in questo modo, io non lo seguo più.

MARCO: Ebbene sì, io sarei stato fermo davanti al cliente, concentrandomi sul fatto che ero lì per vendere. La mia gratificazione sarebbe consistita nel concludere la vendita non nell'andarmene via senza aver ottenuto l'ordine di acquisto.

ANDREA: Tu non hai amor proprio, non hai dignità.

MARCO: L'amor proprio lo lascio da parte, se è un ostacolo al raggiungimento del mio obiettivo.

In questo caso, "l'orgoglio" di Andrea non gli permette di conseguire lo scopo finale del suo lavoro: vendere. Come si può modificare un tale modo di pensare? È necessario focalizzare la nostra attenzione sui traguardi che ci poniamo. Qualunque sia il comportamento altrui non deve interferire con i nostri obiettivi. Per Andrea dovrebbe essere irrilevante il fatto che i clienti lo trattino male; se vuole dimostrare a sé stesso di valere, può farlo solo in un modo: vendendo.

Spesso ci si serve del termine "orgoglio" per mascherare un nostro deficit di abilità. Vediamo un modo semplice di ragionare quando vogliamo raggiungere un obiettivo.

Domanda: credo di avere le abilità necessarie?

Se sì:

1) lo dimostro raggiungendo l'obiettivo;
2) pensavo di essere in grado di raggiungerlo, ma ho fallito.

Allora devo chiedermi:
- Dove ho sbagliato e quali sono le abilità che mi mancano?
- Sono in grado di acquisire le capacità mancanti?
- Se sì, quanto tempo penso sia necessario impiegare per apprenderle?
- Posso servirmi dell'aiuto di altre persone per coprire la mia specifica carenza di attitudini e/o competenze?

Se no:
3) ritengo di non esserne in grado: modifico l'obiettivo;
4) voglio comunque provare: mi pongo tutte le domande del punto 2.

Ricordiamoci che: POSSIAMO PORCI SOLO LE DO-MANDE A CUI POSSIAMO DARE UNA RISPOSTA.

È più semplice ragionare in modo contorto, facendoci assa-lire da dubbi e incertezze che non in modo semplice, cioè, lineare e operativo. Ne deduciamo, quindi, che è più facile soffrire.

L'ORGOGLIO E L'ERRORE

Molte persone hanno difficoltà a riconoscere i propri errori. Se commettono uno sbaglio al lavoro, la colpa non è loro ma del collega; se il matrimonio si conclude con la separazione, era il *partner* che non li capiva; se non hanno più contatti con i figli, è perché "al giorno d'oggi non c'è più rispetto per i genitori". Gli orgogliosi non possono riconoscere i propri errori, perché ciò incrinerebbe l'immagine che hanno di sé stessi. Queste persone sono prive di autoironia, non riescono a cogliere gli aspetti negativi, ma anche divertenti, del proprio comportamento. Cosa c'è di più vulnerabile di una persona che si prende sul serio, che non è capace di ridere di sé?

Se, ad esempio, in determinate situazioni ci troviamo a disagio e ci comportiamo in modo buffo o siamo goffi e impacciati, non dobbiamo provare imbarazzo a parlarne con gli amici e a ridere con loro delle nostre "debolezze". È del tutto evidente che siamo poco vulnerabili a un eventuale giudizio negativo, se siamo i primi a trovarci d'accordo con chi ci critica. Come tende a comportarsi, invece, chi vuole, o meglio, tenta di mascherare i propri aspetti meno accattivanti?

Il suo modo di pensare segue questo percorso:

- in quella situazione provo disagio;
- non accetto che questo accada né, tanto meno, di manifestarlo;
- devo mostrarmi sicuro di me e disinvolto;
- sarò in grado di controllarmi? In ogni caso devo fare bella figura.

Questi pensieri tendono a creare ulteriore disagio, e ciò può portare alla "fuga". La persona orgogliosa vuole mantenere inalterata l'immagine che ha di sé, non si espone e, quindi, non apprende.

Cosa si intende quando si parla di "aspetti negativi"? Dal nostro punto di vista di negativo c'è solo il fare violenza, comportarsi in modo aggressivo nei confronti degli altri, voler imporre le nostre idee. Non c'è nulla di negativo, invece, nel dichiarare di aver paura, di provare ansia in alcune situazioni o di non sapersi gestire in altre.

Quali vantaggi possiamo trarre dal non ammettere i nostri errori o le nostre debolezze?

Se ci comportiamo in un certo modo, è perché ci attendiamo determinati risultati. Non riconoscere i propri sbagli serve a mantenere intatta l'immagine che abbiamo di noi stessi, quindi, ne siamo gratificati. Il presuntuoso si considera superiore, vuole "emergere" dalla "massa" e, per continuare a sentirsi tale, deve svalutare gli altri.

Vale quindi la regola: NON SVALUTARE GLI ALTRI AL FINE DI APPARIRE I MIGLIORI.

L'ERRORE

"Bisogna fare attenzione a non commettere errori". "Stai attento a come ti comporti". Queste e altre frasi simili fanno parte del nostro abituale vocabolario, le ascoltiamo e le utilizziamo noi stessi. Quando lo facciamo siamo in buona fede, perché non vogliamo che i nostri figli, i parenti e gli amici commettano errori. Siccome noi abbiamo sbagliato, sappiamo ciò che è bene e ciò che è male. Nel proiettare questo atteggiamento sugli altri, però, erriamo noi per primi, in quanto partiamo dalla nostra esperienza e, quindi, dal nostro "livello operante". Magari, in una determinata situazione, abbiamo sofferto e non siamo stati capaci di gestirla, ma non è detto che altri non siano in grado di superare difficoltà che a noi sembrano insormontabili. Non è un nostro diritto affermare: "so cosa è bene o male per te", ma solo: "so cosa è bene o male per me".

Spesso, cercare di non far commettere "errori" agli altri è solo un modo per attenuare la nostra ansia. Abbiamo paura che succeda qualcosa di spiacevole a nostro figlio e, allora, gli proibiamo di compiere una determinata esperienza. Così facendo, noi stiamo meglio, poiché abbiamo ridotto il nostro livello d'ansia.

È evidente che a ciò si possono porre alcune obiezioni:

1) devo controllare che mio figlio frequenti buone compagnie, cosicché non rischi di diventare un drogato;
2) devo controllare che mio figlio non svolga attività pericolose, come andare in moto;
3) devo programmare e organizzare il suo futuro;
4) è giusto preoccuparsi per i figli.

Risponderemo a queste obiezioni servendoci di esempi.

Vediamo adesso il comportamento di due bambine e lo "stile" educativo dei loro genitori e parenti.

L'ERRORE E I GENITORI

Le due bambine, Elena e Marina, hanno la stessa età (sette anni), sono entrambe intelligenti e, a scuola, apprendono senza difficoltà.

Elena si sta arrampicando su un albero, mentre il padre la osserva. Arrivata a circa un metro da terra dice di aver paura; il padre, tranquillamente, calma la figlia e la sprona a continuare la salita spiegandole il modo in cui si deve arrampicare. Le sta insegnando a competere con le proprie risposte "emozionali" e a vincere l'ansia e la paura. Questo genitore, non essendo apprensivo, riesce a rassicurare la figlia, infondendole sicurezza e trasferendole delle abilità. La bambina sta imparando che le difficoltà si possono superare e che, quando avverte un senso di ansia, può dirsi: "Devo stare calma e concentrarmi su ciò che devo fare". Occorre attribuire una particolare importanza al nostro "dialogo interno"; ciò che ci diciamo può avere un effetto rassicurante o, viceversa, incrementare il nostro stato di angoscia. Elena sta sviluppando un "dialogo interno" che le permetterà di controllare le proprie emozioni e, quindi, di raggiungere gli obiettivi voluti.

Per meglio comprendere questa dinamica, osserviamo il seguente schema:

1) situazione aversiva;
2) risposta emozionale (tensione muscolare, tachicardia);
3) risposta cognitiva: devo controllarmi e pensare a come risolvere la situazione;

4) risposta motoria: muoversi nella direzione dell'obiettivo.

L'intervento del padre si colloca ai punti 2 e 3. Al punto 2, in quanto la sua sola presenza, calma e controllata, tende a inibire le risposte emozionali della figlia. Inoltre, il parlare in modo tranquillo e pacato, riduce l'ansia. Al punto 3, in cui Elena fa proprie le verbalizzazioni rassicuranti del padre.

La seconda bambina, Marina, vive con i nonni. La madre, vedova, è spesso fuori casa per lavoro. Marina è in sala da pranzo e si siede sul bracciolo della poltrona. La nonna la riprende: "Stai attenta che puoi cadere e farti male", facendola scendere immediatamente dalla poltrona. Più tardi Marina è ai giardinetti e sta giocando con altri bambini più o meno della sua età che si arrampicano su uno scivolo alto circa due metri per poi lasciarsi andare giù. La bambina ha un po' di paura ma, dopo aver guardato i compagni, vorrebbe provare anche lei: appena inizia a salire sulla scaletta, la nonna, sempre vigile e attenta, la ferma e la fa scendere. Le proteste di Marina non danno risultati, la nonna è irremovibile: la bambina non deve salire sullo scivolo perché è pericoloso. Successivamente, la donna non la porterà più a giocare con gli altri bambini.

Osserviamo il seguente schema:

1) Marina sta per salire sullo scivolo;
2) la nonna "vive" la situazione come pericolosa;
3) la nonna dà risposte emozionali (ansia);
4) la nonna ferma Marina e la fa scendere;
5) la nonna ha ridotto il proprio livello d'ansia;
6) la nonna non vuole più trovarsi in situazioni per "lei" aversive e, quindi, non porta più Marina a giocare con gli altri bambini.

Questo stile educativo tende a formare un individuo ansioso, che non sarà mai in grado di competere con le proprie risposte emozionali e che tenderà a evitare le varie situazioni ancor prima di affrontarle e, quindi, di capire se sia possibile superarle.

L'ERRORE E IL NOSTRO PARTNER

La paura di sbagliare può inibire l'emissione di alcuni comportamenti. Questo timore è strettamente legato al giudizio, argomento che abbiamo già trattato in precedenza.

Il marito deve partecipare a una riunione che ritiene "importante". Ne parla con la moglie, esternando i suoi dubbi e le sue incertezze. Dovrà parlare di fronte a una ventina di persone e sostenere le proprie argomentazioni. Non si è mai trovato in una simile situazione, ha paura di sbagliare e di non riuscire a esprimersi chiaramente.

Vediamo il dialogo intercorso tra marito e moglie.

MARITO: Non so se sarò in grado di farlo, sicuramente commetterò degli errori e farò una brutta figura.

MOGLIE: Come fai a dirlo se non ti sei mai trovato in una situazione simile?

MARITO: Proprio per questo sono sicuro di non farcela.

MOGLIE: Ma di cosa hai paura?

MARITO: Di sbagliare nell'argomentare, di non riuscire a fare un discorso coerente.

MOGLIE: In ogni caso, devi partecipare, mi hai detto che non puoi esimerti.

MARITO: Lo so che devo andare, tra l'altro, si discuterà anche dei miei interessi economici.

MOGLIE: Penso che tu non debba dimostrare a nessuno di essere un abile oratore, non è il tuo compito. Ciò che devi dire lo sai bene e, su quell'argomento, sei più preparato di altri.

MARITO: Sì, è vero. Sono preparato e conosco la materia meglio degli altri.

MOGLIE: Se ti fanno delle obiezioni, sei in grado di controbattere tranquillamente?

MARITO: Penso di essere in grado di controbattere, anche se non tranquillamente.

MOGLIE: Quindi, non mi sembra il caso di preoccuparti, conosci l'argomento e sei in grado di controbattere.

In molti casi precedenti, abbiamo notato come uno dei *partner* esercitasse un'azione distruttiva nei confronti dell'altro. In questo caso, invece, la moglie spinge il marito a mettersi in gioco.

Quando possiamo incoraggiare qualcuno a esporsi?
1) Quando ha le abilità per affrontare la situazione, ma l'ansia blocca l'emissione del comportamento.
2) Quando sappiamo che, in situazioni più o meno simili, è stato in grado di superare l'ansia.

In questo caso, la moglie valuta correttamente il marito, sapendo che possiede le abilità necessarie per affrontare la situazione e che è solo la paura del giudizio a impedirgli di esporsi. È evidente che lei non abbia affatto paura che l'uomo faccia una "brutta figura", altrimenti sarebbe la prima a sconsigliargli di partecipare alla riunione.

Il marito, invece, sta anticipando negativamente la propria prestazione, il che non è di alcun aiuto, poiché tende ad attivare risposte emozionali negative con il solo risultato di condizionare le prestazioni future. Focalizziamo l'attenzione soltanto su ciò che dobbiamo fare o dire, non andiamo oltre con i pensieri.
Quindi: NON ANTICIPARE NEGATIVAMENTE.

L'INSEGNANTE E L'ERRORE

Assistiamo a un consiglio di classe e l'insegnante di matematica si lamenta con i colleghi per lo scarso rendimento della classe. Dichiara che solo cinque ragazzi su trenta sono sufficienti, gli altri capiscono poco o nulla. I suoi colleghi sono stupiti, in quanto non hanno riscontrato gravi carenze. Ma proviamo a osservare il professore mentre fa lezione e, forse, potremo capire.

L'insegnante sta spiegando, ma è rivolto verso la lavagna. Inizia a scrivere rapidamente e, appena termina un passaggio, senza girarsi verso gli studenti, domanda: "Tutto chiaro, vero?" e immediatamente cancella quanto scritto. Non abbiamo dubbi che per lui sia un discorso logico, ma cosa ne pensano gli studenti? Se uno di loro chiede chiarimenti, lui ripete la spiegazione con le stesse parole e con la stessa velocità di prima. Alla fine, chiede all'allievo se ora ha capito e il ragazzo, pur non avendo compreso nulla, afferma: "Si, sì, ora è tutto chiaro". Simili situazioni le riscontriamo, ad esempio, quando andiamo all'estero. Parliamo con un conoscente inglese a cui abbiamo posto una domanda; la risposta è rapida e, per noi, incomprensibile. Gli diciamo di non aver capito e lui, sorridendo, ci ridà la stessa, identica risposta, alla stessa velocità e con le stesse parole. Noi sorridiamo, facciamo cenni di assenso con il capo, ma non abbiamo capito nulla.

In questi due casi, sia l'insegnante che l'amico inglese non partono dal "livello operante" di chi li ascolta. Ma, come avrebbe dovuto comportarsi il professore?

1) Individuare quale fosse la reale conoscenza della materia da parte degli studenti;
2) Programmare lezioni ed esercitazioni partendo dalle reali abilità in possesso degli allievi;
3) Cogliere le difficoltà che incontrano gli alunni e modificare il programma.

La costante attenzione, da parte dell'insegnante, alle retro informazioni ricevute dagli studenti, gli permetterebbero di adeguarsi al loro livello di apprendimento.

Ritorniamo al nostro insegnante di matematica e vediamo come si svolgono le sue interrogazioni. Sta esaminando uno studente che sta scrivendo alla lavagna. Il professore è lì vicino, pronto a cogliere il primo errore. L'allievo esita e l'uomo incalza, sia verbalmente, con frasi come: "È una cosa semplice, vai avanti", "Se non riesci a capire questi passaggi, immagina quando dovrai fare quelli davvero difficili", sia fisicamente, avvicinandosi a pochi centimetri dal suo viso. Ovviamente, lo studente inizia a dare risposte emozionali e, se già non era molto sicuro, ora non ricorda più nulla. Al termine dell'interrogazione entrambi sono esausti. Il primo perché è teso a individuare ogni più piccolo sbaglio, per poi arrabbiarsi quando li individua, il secondo perché si sente sempre sotto pressione.

L'insegnante che abbiamo appena descritto era convinto che la classe apprendesse poco o nulla ma, molto difficilmente, gli sarà venuto il dubbio che non fossero gli studenti a sbagliare, ma lui.

IL DISAGIO E IL FARMACO

Un ragazzo diciottenne è invitato a una festa. Qui trova una ragazza che gli interessa, con cui vorrebbe parlare per conoscerla meglio. Prova imbarazzo e, per cercare di ridurlo, beve del whisky; al secondo bicchiere l'ansia è passata, si sente tranquillo e sicuro di sé e, quindi, può avvicinare la ragazza. Ha discrete abilità sociali, che emergono quando non si sente a disagio. Inizia a parlare con lei e si rende conto di riuscire a controllare la situazione.

Ma cosa ha appreso in questa circostanza? Che quando prova ansia, può attenuarla rapidamente, bevendo alcolici.

Cosa non ha appreso? A controllare le proprie risposte emozionali. Infatti, non è in grado di dire a sé stesso: "se posso riuscirci bevendo, vuol dire che ho delle abilità, quindi, devo farcela anche senza bere".

Questo è lo stesso meccanismo che, spesso, regola l'assunzione di "tranquillanti". Uno studente deve dare un esame, è agitato, prende un ansiolitico e lo supera. Sul lavoro c'è da gestire una situazione difficile, si prende un farmaco e si riesce a risolverla. Nella vita quotidiana le occasioni di disagio possono essere molte e, quindi, possono essere numerosi i pretesti per ricorrere agli ansiolitici.

Abbiamo visto casi in cui l'assunzione di farmaci permette di ridurre l'ansia e, quindi, di massimizzare la prestazione. Ma ciò non sempre avviene; infatti, può succedere che, pur aiutandosi con i medicinali, si offra una performance negativa. In tal caso, dopo un "fallimento", ci si sente depressi e, quindi, si ricorre a un altro farmaco.

Vediamo le occasioni che si possono presentare:

1) La situazione è simile ad altre che abbiamo già affrontato in passato, con esito positivo, ma sempre avvertendo disagio prima della "prestazione". Ad esempio, abbiamo superato diversi esami, ma sempre provando ansia prima di affrontarli;

2) La situazione è simile ad altre che non siamo stati in grado di superare. Ad esempio, durante una riunione in cui dovevamo esporre il nostro parere su una questione importante, ma abbiamo evitato di farlo;

3) La situazione che si presenta è nuova, quindi, non siamo in grado di valutare se sapremo o meno gestirla.

Nel primo caso, abbiamo le abilità richieste ma continuiamo, ugualmente, a sentirci ansiosi prima di affrontarla.

Nel secondo caso, non sappiamo di possedere delle abilità, perché abbiamo sempre evitato di esporci.

Nel terzo caso, trovandoci a dover affrontare una nuova situazione, possiamo provare timore.

Riassumendo, in una determinata situazione, possiamo dare tre tipi di risposte:

1) Risposte di tipo cognitivo, ovvero, il nostro "modo" di pensare;
2) Risposte emozionali, quali incremento di tensione muscolare, sudorazione o tachicardia.
3) Risposte motorie, che sono quelle direttamente osservabili.

Se abbiamo le abilità ma continuiamo a provare ansia, potrebbe essersi instaurata la seguente sequenza:

1) Pensieri negativi prima di affrontare la situazione;
2) Attivazione risposte emozionali;
3) Uso del farmaco per ridurre il disagio;
4) Riduzione momentanea dell'ansia;
5) Capacità di affrontare la situazione e di superarla positivamente.

In questa successione, abbiamo imparato a usare il farmaco ogni qualvolta siamo in presenza di una situazione che ci crea disagio, ma non abbiamo appreso abilità, per cui, non abbiamo modificato le nostre risposte emozionali e cognitive. Si è instaurato un circolo vizioso in cui si è creato il legame: disagio = farmaco.

Ma, se non abbiamo alcuna capacità, non è il medicinale che ce la può fornire.

Immaginiamo una situazione semplice, come guidare un'automobile. Le prime volte ci possiamo sentire un po' ansiosi e timorosi ma, progressivamente, esercitandoci, iniziamo a padroneggiare il mezzo e la paura scompare.

111

Ovviamente, affrontare i numerosi e vari contesti della vita quotidiana è più complesso che guidare, ma ricordiamoci che, più abilità acquisiamo, minore sarà il nostro disagio. È un'abilità anche non sfuggirlo, bensì affrontarlo.

IL POSSESSO

IL POSSESSO E LA GELOSIA

CARLO: Quando si vuole bene a una persona, si è gelosi. Mi sembra un comportamento normale.

MARCO: Quindi, se vedi che un uomo presta attenzione a Clara, la tua fidanzata, stai male.

CARLO: Penso che tutti si sentano così, non siamo automi senza sentimenti.

MARCO: Il pensiero di perdere la tua fidanzata ti fa soffrire?

CARLO: Ma che discorsi... È ovvio che, se si ama qualcuno, non si voglia perderlo.

MARCO: E se questa persona si stufa di te e vuole stare con un altro?

CARLO: Ci sto male e, pertanto, cerco di convincerla a rimanere con me.

MARCO: Quindi, in qualche modo, cercheresti di forzare la sua volontà.

CARLO: Sì! Io e Clara ci conosciamo da anni ed è impensabile, per me, che lei mi lasci per stare con un altro.

MARCO: Quindi, per te, voler bene equivale a possedere.

CARLO: Se poni le cose in questo modo, allora sì, amore è uguale a possesso.

MARCO: Noi ci conosciamo da tanto tempo e so che, da alcuni anni, hai diradato le visite a tua madre, vero?

CARLO: Che cosa c'entra mia madre con questo discorso? Lei non mi lasciava spazio e mi controllava; è un atteggiamento che puoi sopportare da ragazzo, ma non da adulto: un uomo ha diritto di vivere la propria vita.

MARCO: Anch'io la penso così. Credi che tua madre ti voglia bene?

CARLO: A modo suo, sì, mi vuole bene.

MARCO: Però è possessiva nei tuoi confronti.

CARLO: Sì, è molto possessiva e protettiva.

MARCO: Tua madre ti vuole bene ma è possessiva e questo ti dà fastidio, su questo siamo d'accordo?

CARLO: Sì, mi infastidisce.

MARCO: Ma, forse, anche tua madre, come te, pensa che amore significhi possesso. Allora, per te è giusto possedere, ma non essere posseduto?

Nel seguente schema si evidenziano le fasi inerenti al "possesso":

1) una persona ci piace, quando siamo con lei/lui stiamo bene;
2) desideriamo vederla spesso;
3) quando non siamo con lei/lui, stiamo male;
4) si sviluppa in noi la paura di perderla;
5) diventiamo possessivi;
6) elaboriamo l'idea che amore significa possesso.

Se non accettiamo questo concetto, vale l'affermazione: NON ABBIAMO IL DIRITTO DI POSSEDERE NESSUNO.

CARLO: Sono due situazioni diverse, l'amore per una donna non equivale a quello per un figlio o una figlia.

MARCO: D'accordo, sono diversi. Però mi avevi detto che tua madre vorrebbe vederti più spesso, specialmente ora che è vedova.

CARLO: Sì, ripete che ha bisogno di me e poi, quando vado a trovarla, riversa su di me tutte le sue ansie e trova sempre dei lavoretti da farmi fare.

MARCO: Forse perché prima era tuo padre a gestire le sue preoccupazioni e a risolverle alcuni problemi quotidiani.

CARLO: Sì, mia madre si è sempre appoggiata a mio padre e ora si appoggia a me.

MARCO: Quindi, ora, lei conta su di te?

CARLO: Sì, conta esclusivamente su di me.

MARCO: Scusa se ora ritorno al tuo rapporto con Clara, ma cerco solo di capire. Quando tu hai dei problemi ne parli con lei e conti sul suo aiuto per organizzare alcune attività quotidiane, non è vero?

CARLO: Sì, e io faccio lo stesso con lei.

MARCO: D'accordo ma, in ogni caso, lei soddisfa alcuni tuoi bisogni. E se venisse a mancare, chi li soddisferebbe?

CARLO: Sicuramente all'inizio ne soffrirei, ma poi, probabilmente, reagirei e imparerei a gestirmi.

MARCO: Quindi, seguendo il tuo ragionamento, una persona diventa indispensabile quando colma le nostre lacune e, quindi, meno siamo autosufficienti, più abbiamo necessità di qualcuno al nostro fianco. Ricordo un mio conoscente che, alla morte della moglie, entrò in uno stato di profonda depressione. Iniziò a non mangiare più e, a poco a poco, si lasciò morire. La gente diceva: «Guarda come voleva bene a sua moglie. Vivevano l'uno per l'altro». In realtà, lei riempiva le sue carenze, dipendeva totalmente da lei e, alla sua morte, non era stato in grado di gestire le piccole e grandi difficoltà della vita.

Il possesso può dipendere da nostre mancanze. Vediamo lo schema:

1. una persona integra le nostre carenze (ad esempio, la difficoltà a vivere da soli);
2. per noi diventa indispensabile: è subentrata l'abitudine;
3. è difficile modificare una consuetudine quando non abbiamo un comportamento alternativo da emettere;
4. la persona viene a mancare, entriamo in uno stato di depressione;

5. non siamo in grado di uscire da questa situazione, perché era l'altro a soddisfare i nostri bisogni.

Se ci aspettiamo che siano gli altri ad adempiere alle nostre necessità, se abbiamo sempre bisogno della lode o dell'approvazione altrui, non saremo mai in grado di scegliere. La scelta che sorge da un bisogno non è una scelta, è un obbligo.
È importante: CONTARE SOLO SU SÉ STESSI.
Nel capitolo relativo all'aspettativa abbiamo visto il caso di Giorgio. L'uomo provava un elevato disagio nello stare da solo e, soltanto la presenza di una compagna, lo attenuava. Non essendo in grado di scegliere, si lasciava guidare dal bisogno e, quindi, iniziava nuovi rapporti, poi subentrava la paura della perdita e diventava possessivo.

IL POSSESSO E L'ORGOGLIO

Nel dialogo tra Carlo e Marco, a un certo punto, Carlo afferma: "Io e Clara ci conosciamo da anni ed è impensabile, per me, che lei mi lasci per stare con un altro". Lui vive da solo e, pur vedendo frequentemente la fidanzata, ha una vita propria, con amici e interessi propri.

MARCO: So che conduci una vita indipendente e non giustifichi mai il tuo comportamento alla tua fidanzata.
CARLO: Vero, sono stato dipendente da mia madre per troppi anni, adesso non voglio più dipendere da nessuno.
MARCO: Comprendo perfettamente questo tuo desiderio, ma accetti che anche Clara sia indipendente?
CARLO: Cosa intendi per indipendenza di Clara?

MARCO: Tu puoi vedere i tuoi amici e coltivare i tuoi interessi, senza che nessuno ti controlli. Però vigili sulla tua ragazza, le domandi dov'è andata e chi ha visto.

CARLO: Sì, esercito su di lei un controllo, ma è un controllo discreto e poi, in ogni caso, a lei fa piacere così.

MARCO: Te l'ha detto lei che gradisce il tuo atteggiamento?

CARLO: L'ho capito da solo e poi, se le desse fastidio, me lo direbbe.

MARCO: E se ti dicesse che non vuole essere controllata, come ti comporteresti?

CARLO: Penserei che ha qualcosa da nascondere.

MARCO: Quindi, non ti fidi di lei.

CARLO: Beh, mi fido, ma fino a un certo punto.

MARCO: Non capisco, o ti fidi o non ti fidi.

CARLO: Tu la fai semplice, ma la realtà è molto più sfumata.

MARCO: Avere dubbi, seppur minimi, ti fa star bene?

CARLO: Starei peggio se non sapessi; quando so, sto bene.

MARCO: Quindi, tu devi "controllare" per star bene?

CARLO: Scusa, ma adesso sono io che non ti capisco. Se una persona ti interessa, è naturale essere gelosi.

MARCO: Ma essere geloso ti serve? Se sei geloso stai meglio?

CARLO: Non è questione di star meglio quando si è gelosi, ma è del tutto naturale, è impossibile non esserlo.

MARCO: Quindi, per te, gelosia significa mancanza di fiducia?

CARLO: Possiamo dire così.

MARCO: Per te fiducia vuol dire porsi come giudici e valutare se l'atteggiamento dell'altro è o non è corretto, ovvero, se agisce nel modo in cui fa piacere a noi. Ma noi ci comportiamo sempre come l'altro si aspetta o pretendiamo che accetti il nostro modo di fare?

CARLO: Se poni la questione in questo modo, non esiste la fiducia.

MARCO: Penso sia difficile per noi stessi conoscerci, evidenziare le nostre debolezze e prevedere sempre il nostro comportamento. Dobbiamo iniziare ad accettarci e accettare che il *partner* si comporti come ritiene giusto. Poi, se il suo comportamento non corrisponde alle nostre aspettative, non dobbiamo arrabbiarci; possiamo provare a parlarne insieme per trovare un compromesso e, qualora non lo si trovi, lasciarsi senza tensioni. La fiducia può essere la sicurezza che ci trasmette una persona ma, se abbiamo fiducia in noi stessi, non abbiamo bisogno che ce la diano gli altri. Chi è orgoglioso soffre quando qualcuno non si comporta secondo le sue aspettative, intaccando i valori in cui "lui" crede, ma ciò significa soltanto che dipende dagli altri per stare bene o male.

In questo dialogo sono emersi termini quali fiducia, gelosia e orgoglio. Questi tre vocaboli possono confluire in uno solo: possesso. Quando perdiamo la fiducia riposta in qualcuno ci risentiamo, se il *partner* presta più attenzione ad altri, siamo gelosi, e soffriamo. Se ci ipervalutiamo e qualcuno preferisce un altro a noi, la nostra immagine ne è intaccata, e ci angosciamo. Quindi: IL POSSESSO EQUIVALE A STAR MALE.

ESSERE POSSEDUTI

Abbiamo visto come Carlo sia possessivo nei confronti della fidanzata, ma non accetti che lei lo sia nei suoi confronti; se la situazione va bene per entrambi, non ci sono problemi. Spesso, però, se il nostro *partner* non è possessivo nei nostri confronti, ne deduciamo che non ci vuole abbastanza bene; questo succede quando si parte dal presupposto che amore sia uguale a possesso.

Marco, da circa sei mesi, è fidanzato con Anna. Sta molto bene con lei, ma non è nella sua indole controllarla ed essere geloso. La donna ha sempre avuto difficoltà ad accettare il suo punto di vista.

ANNA: Ti ricordi che prima di conoscerti frequentavo Aldo? Ebbene, l'ho rivisto l'altro ieri. (Anna sta studiando la reazione di Marco per vedere se si dimostra geloso e se, quindi, le vuole davvero bene).

MARCO: È stato bello rivederlo? Penso di sì, visto che, da quanto mi hai detto, avete mantenuto buoni rapporti.

ANNA: Sì, mi ha fatto molto piacere e Aldo mi ha detto che mi vuole sempre bene.

MARCO: Sono contento per te. Sapere che una persona ci vuole bene è gratificante.

ANNA: Ma non ti dà fastidio quello che ti ho detto?

MARCO: Perché dovrebbe disturbarmi qualcosa che ti ha fatto piacere? Anzi, ribadisco, sono contento per te.

ANNA: Non capisco. Come reagiresti se ti dicessi che ho intenzione di rimettermi con lui? Questo ti preoccuperebbe?

MARCO: Se volessi riprendere la relazione con Aldo sarebbe perché ritieni di stare meglio con lui che con me, quindi, sarebbe un tuo problema, non mio. Saresti tu a trovarti di fronte a una scelta. Io sto bene con te, ma non posso fare nulla se decidi di volermi lasciare, non è una mia responsabilità decidere per te.

ANNA: Se tu mi dicessi che vuoi lasciarmi per un'altra, io farei il possibile per non perderti.

MARCO: E cosa ci guadagneresti? Soffriresti soltanto.

ANNA: Ma, almeno, avrei fatto tutto il possibile per trattenerti.

MARCO: Vedi, io la penso diversamente. Quando ami una persona desideri che questa persona sia felice e, se lo è con un altro, non capisco perché dovrei arrabbiarmi. So che è difficile accettare questo modo di ragionare, ma ti aiuta a star bene. Non devono essere gli eventi esterni a controllarci, ma noi a controllare gli eventi.

Quindi: DEVI ESSERE CONTENTO DEL BENE ALTRUI.

IL POSSESSO E IL PASSATO

Carlo e Marco stanno nuovamente dialogando. Il primo dice di voler cambiare, perché troppe volte è stato deluso, pretendendo di ottenere dagli altri ciò non erano in grado di dare.

CARLO: Quando Clara mi racconta di relazioni avute prima di conoscermi, io sto male. So che è del tutto irrazionale ma mi succede sempre, così le ho chiesto di non dirmi più nulla.

MARCO: Ti dà fastidio sapere che non sei stato l'unico uomo nella vita di Clara, è questo che intendi?

CARLO: Sì, mi disturba, anche se so che è assurdo.

MARCO: Tu vorresti cancellare il suo passato, ma è qualcosa che non puoi modificare. Ricorda che più rifiutiamo un pensiero, più questo ci perseguita; perché smetta di esistere, dobbiamo accettarlo, cercando di capire la ragione per cui non riusciamo a farlo. Nel tuo caso, cosa pensi che sia?

CARLO: Forse è perché sono presuntuoso.

MARCO: Cosa intendi per presunzione?

CARLO: Mi attribuisco troppa importanza e, forse, vorrei avere il controllo totale su Clara, sul suo presente, passato e futuro. Però, ripensandoci, se non sono neppure in grado di prevedere il mio comportamento, come posso farlo nei confronti di quello degli altri e, per di più, pretendere che corrisponda alle mie aspettative?

MARCO: Stai dicendo che vuoi provare ad accettare il fatto che lei abbia avuto un suo passato?

CARLO: È l'unico modo razionale per affrontare un rapporto, anche se mi è molto difficile.

Analizziamo uno schema in cui viene evidenziato ciò che caratterizza l'esistenza di un pensiero "inaccettabile". Se riteniamo intollerabile il pensiero che una persona possa avere una vita indipendente dalla nostra:

1) il pensiero ci crea disagio;
2) come possiamo ridurlo?
3) controllando la persona che ne è la causa;
4) il controllo effettuato riduce momentaneamente il nostro malessere;
5) un nuovo pensiero inaccettabile lo incrementa;
6) ricominciamo a controllare.

Partendo da un pensiero inammissibile, sviluppiamo un comportamento circolare tra il pensiero stesso e il controllo della persona.

IL POSSESSO E I NOSTRI INTERESSI

Marco e Anna proseguono la loro relazione. Come in ogni rapporto ci sono momenti di confronto e di chiarimento.

ANNA: Ogni weekend tu vai in montagna. Sai che a me non piace e che, se tu restassi in città, potremmo fare qualcosa insieme, invece mi ritrovo sempre sola.

MARCO: Mi dispiace che tu ti annoi, ma non puoi crearti altri interessi?

ANNA: Stiamo insieme da alcuni mesi e mi farebbe piacere trascorrere la domenica con te; abbiamo così poco tempo per vederci durante la settimana! Un rapporto è bello quando si fanno tante cose insieme.

MARCO: Quando ci siamo conosciuti ti ho parlato dei miei interessi; l'arrampicata è un'attività che pratico sin da ragazzo e continua a piacermi, anche se capisco che non sia così per te.

ANNA: Perché tu, ogni momento libero, lo dedichi al tuo hobby.

MARCO: Hai ragione. E se trascorressimo insieme un fine settimana al mese ti basterebbe?

ANNA: Sarebbe meglio di nulla.

MARCO: Per me va bene rinunciare alla montagna un volta al mese. Penso, comunque, che tu debba ugualmente sviluppare altre passioni per conto tuo, perché, se l'unico interesse sono io, mi sento caricato di una responsabilità che non sono in grado gestire.

ANNA: Ma non stai bene con me?

MARCO: Certo che sto bene con te, ma sto bene anche quando sono da solo o con gli amici. Se così non fosse vorrebbe dire che non ho altri interessi, e questo non sarebbe vero.

Ora sta ad Anna accettare o meno il comportamento di Marco. Non deve essere "gelosa" della sua indipendenza, dei suoi interessi e dei suoi amici. In una coppia, alcune cose possono essere fatte insieme, altre da soli, non è questo che incrina un rapporto.

L'APPROPRIAZIONE INDEBITA

Uno scrittore fa leggere a un collega alcuni racconti che ha scritto. Questi glieli restituisce dicendo: "Sono belli e interessanti, forse un po' difficili da capire; prova a sottoporli a qualcun altro per sentire ulteriori giudizi".

Dopo alcuni mesi, i racconti vengono pubblicati. A inviarli all'editore, però, è stato il collega che li aveva letti per primo e la pubblicazione è avvenuta a suo nome.

Un amico dello scrittore, a cui sono stati "rubati" i racconti, gli domanda: "Gli hai fatto causa?" "Perché avrei dovuto?" - risponde l'autore - "Io li ho pensati e scritti, lui li ha solo pubblicati".

Ho un amico, proprietario di un servizio di taxi; un giorno lo vedo uscire da un bar sottobraccio a un individuo con cui chiacchiera allegramente. Mi sembra di riconoscere in quel volto un suo ex dipendente che, di notte, rubava la benzina dai serbatoi delle sue automobili. Quando lo incontro, gli chiedo conferma sull'identità dell'uomo con cui lo avevo visto e lui conferma: "Sì, era proprio lui". "Ma - gli domando - come fai a essere così amichevole con lui, visto quello che ti ha fatto?" "Mi è simpatico" è la sua risposta.

In questi due esempi, si evidenzia un atteggiamento passivo, in quanto non necessariamente dobbiamo sempre competere, in alcuni casi possiamo anche scegliere di non farlo.

Ad esempio, possiamo essere criticati e insultati in pubblico e rimanere calmi e tranquilli, non accettando la provocazione.

Ma quando possiamo emettere un tale comportamento?

Quando sappiamo di essere in grado di farlo, poiché lo abbiamo già fatto in situazioni analoghe.

L'EGOISMO

Proviamo a definire il termine egoismo. Molte persone lo intendono come fare solo ed esclusivamente i propri interessi, senza preoccuparsi degli altri. Sentiamo frequentemente affermazioni come: "Pensa solo a sé stesso", "Quando gli chiedo un favore non è mai disponibile", "Sono sempre io a dovermi preoccupare di tutto". Queste frasi, però, non ci aiutano a definire l'egoismo, anzi, sono ambigue e poco chiare.

Cosa significa "fare i propri interessi e non preoccuparsi degli altri?" Analizziamo la prima parte di questa locuzione: fare i propri interessi. Non vi è nulla di male in questo, l'importante è che, nel farlo, non si danneggi il prossimo. Quindi, se con il nostro comportamento non commettiamo ingiustizie o violenze su altre persone, l'affermazione "fare i propri interessi" perde la sua connotazione negativa. Esaminiamo ora la seconda parte: le persone egoiste non si preoccupano degli altri. Ma fare propri i problemi altrui o soffrire per la loro sofferenza, può essere realmente un aiuto per chi ne ha bisogno? Dobbiamo renderci conto che la preoccupazione innesta risposte emozionali che non sono affatto utili a risolvere una situazione o ad aiutare un amico. Quindi, non possiamo considerare corretta quell'affermazione.

Succede spesso di incolpare gli altri di individualismo quando si comportano in una maniera che non ci è gradita. Così facendo, ci aspettiamo che modifichino il loro modo di agire secondo il nostro piacere. Ma, quando ciò accade, siamo noi a far violenza agli altri, siamo noi gli "egoisti". Quindi, chi incolpa altri di essere egocentrico, lo è lui stesso. L'egoismo è, allora, *voler modificare gli altri per il proprio tornaconto.*

L'EGOISMO E IL NOSTRO PARTNER

Una coppia è sposata da quattordici anni e ha un figlio di tredici. Il marito, quarantenne, è molto impegnato nel lavoro, avendo un'attività commerciale in continuo sviluppo e, inoltre, si interessa attivamente di politica. La moglie, trentacinquenne, è casalinga.

Siamo all'ora di pranzo; appena seduto a tavola, il marito inizia a parlare.

MARITO: Per questa sera, ho invitato a cena due miei dipendenti con le loro mogli. Dobbiamo discutere di lavoro.

MOGLIE: Perché non mi hai avvisata prima? Oggi devo andare a scuola per una riunione genitori-insegnanti; ci tengo a essere presente, perché nostro figlio ha delle difficoltà in alcune materie. Non so se avrò tempo per preparare la cena.

MARITO: Di sicuro non ho tempo di prepararla io. È possibile che tu non riesca mai a organizzarti, invece di rispondermi, ogni volta, che hai molto da fare? È solo questione di pianificazione.

MOGLIE: E perché tu sottovaluti sempre il mio lavoro? (Dopo l'aggressione del marito, la donna inizia a dare risposte emozionali, non si sente capita e tenta di giustificarsi).

MARITO: Tu non sei mai stata abituata a lavorare seriamente e la colpa è dei tuoi genitori che ti hanno sempre viziata. Non sai cos'è il lavoro vero. (Il marito si sente in diritto di accusarla).

Vediamo cosa pensa il marito:

1) io lavoro molto per la mia famiglia;
2) sono io che garantisco loro un benessere economico;
3) è giusto che abbia qualcosa in cambio, non devo essere "sempre" io a occuparmi di tutto;
4) mia moglie si comporta da egoista, quando ho bisogno, non mi aiuta.

MOGLIE: Va bene, farò il possibile per preparare la cena. Tutt'al più, non parteciperò alla riunione a scuola.

La moglie, alla fine, cede e accetta l'imposizione del marito, ma assume un atteggiamento remissivo, cercando di colpevolizzarlo: "Tutt'al più, non parteciperò alla riunione a scuola". Questa frase può avere un duplice effetto. Nel primo caso il marito, sentendosi colpevole, potrebbe rispondere: "Va bene, allora sposterò la cena a un altro giorno, così ti potrò avvisare in anticipo". Questa replica, però, è poco probabile e, molto più prevedibilmente, sentenzierà in modo aggressivo: "Va bene! Allora non andare a scuola!"

Vediamo come avrebbe potuto ribattere la moglie con tre diverse opzioni di risposta. Nella prima, la donna non accetta compromessi:

MARITO: Questa sera…

MOGLIE: Mi dispiace che tu mi abbia avvisato così in ritardo, ma io ho già preso un impegno con la scuola per questo pomeriggio. Pertanto, non avrò tempo per preparare la cena.

Questa reazione rischia di incrementare l'aggressività dell'interlocutore. Quindi, la moglie deve essere in grado di sostenere eventuali "attacchi" da parte del marito, che può diventare colpevolizzante.

MARITO: Raramente ti chiedo qualcosa, per una volta che lo faccio, non mi aiuti. Pensi solo a te stessa.

MOGLIE: Mi rincresce crearti problemi ma, per favore, quando inviti ospiti a cena, devi avvisarmi due o tre giorni prima, in modo che possa organizzarmi. Non mi piace dover fare tutto "di fretta".

Molto probabilmente il marito si "arrabbierà" ancora di più. In questo caso, lei non dovrà cedere e dovrà mantenere la propria posizione. Vedremo, successivamente, quali altri "costi" potrebbe dover pagare la signora con una simile risposta.

Seconda risposta:

MARITO: Questa sera...
MOGLIE: Capisco che l'impegno preso con i tuoi collaboratori, per questa sera, è importante per te. Da parte mia, questo pomeriggio dovrei partecipare a una riunione a scuola. Per questa volta cercherò di preparare qualcosa per cena ma, in futuro, avvisami con qualche giorno d'anticipo, perché mi dà fastidio fare le cose di corsa.

In questa seconda risposta, la moglie, accetta un compromesso.

Terza risposta:
MARITO: Questa sera...
MOGLIE: Mi rendo conto che l'impegno che hai preso per questa sera è importante per te, ma io devo andare a una riunione a scuola e non so per quanto tempo sarò impegnata. Però, potremmo risolvere il problema ordinando in gastronomia gli antipasti, il secondo e i dolci, mentre per il primo piatto non ho difficoltà. Ci verrà a costare un po' caro, forse, come se andassimo al ristorante, ma i cibi saranno sicuramente ottimi.

La moglie scende a un compromesso, ma il marito deve pagare dei "costi".

Quali delle tre risposte vi sembra più adeguata?

a) Con la prima risposta la moglie non accetta compromessi. Abbiamo previsto un incremento di aggressività da parte del marito. Questo comportamento aggressivo potrà perdurare per un tempo più o meno prolungato e aumentare di intensità.

Osserviamo le seguenti fasi:

1) la moglie inizia a "competere" con il marito. Non accetta più di subire passivamente;

127

2) il marito si stupisce di questo cambiamento. Non lo aveva previsto. Sono sposati da quattordici anni e la donna si è sempre dimostrata "remissiva";
3) il marito non tollera una moglie competitiva, quindi, diventa più aggressivo, la colpevolizza e la inferiorizza. Spera, in questo modo, di ottenere da lei un comportamento più arrendevole;
4) la signora continua a far valere i propri "diritti";
5) lui accresce la sua aggressività;
6) siamo in una situazione di stallo. La moglie vuole affermarsi come "persona" e, quindi, desidera che il marito cambi. L'uomo, invece, vuole che il loro rapporto rimanga immutato.

Quali possono essere gli eventuali sviluppi del rapporto?
Si crea nella coppia uno stato di tensione costante. Lei vuol far valere i propri diritti, mentre lui non vuol perdere i propri "privilegi". Questo rapido cambiamento da parte della moglie non corrisponde a un mutamento del marito. I due coniugi stanno parlando due lingue diverse, non possono comprendersi. Quando, nella coppia, il disagio cresce e non si vede una soluzione, spesso, ci si separa. In questo caso la donna non è partita dal "livello operante" del marito, ha saltato alcuni passaggi. È come insegnare a un bambino l'algebra senza aver verificato se conosce le basi della matematica.

b) Con la seconda risposta, la moglie accetta un compromesso, ma fa presente il proprio disagio. Possiamo individuare queste due fasi:

1) la moglie comunica il proprio malessere al marito, ma si comporta ugualmente come vuole lui;
2) il marito paga "costi" personali limitati, ovvero, sapere che la moglie prova disagio.

In questa situazione, l'uomo non trova motivazioni che lo portino a modificare il proprio atteggiamento. La moglie, qualora si ripresentassero analoghe condizioni, rimanendo sempre calma, gli dovrà far presente i propri desideri, senza aspettarsi che lui cambi subito. Si accontenterà anche di un risultato minimo. La moglie partendo dal livello operante del marito, con costante perseveranza, potrà ottenere esiti positivi, anche se, a volte, dovrà pagare costi elevati, visto che non è certo piacevole doversi ripetere continuamente.

c) La terza risposta, seppure simile alla seconda, tende a far pagare un costo maggiore al marito. Lei, pur partendo dal livello di lui, mette a suo carico due costi: il primo, di tipo psicologico, comunicandogli il proprio disagio, il secondo, di tipo economico, dovendo acquistare la cena in gastronomia. Quest'ultima risposta, se "giocata" con attenzione, cioè, senza "caricare" troppo il marito, può accelerarne il suo processo di modificazione.

PREOCCUPARSI PER GLI ALTRI

CARLO: Chi è altruista si preoccupa per gli altri. A me sembra che a te, invece, non interessino molto.
MARCO: Vuoi dire che l'altruista è contento di aiutare gli altri?
CARLO: Sì, intendo proprio questo.
MARCO: Allora, una persona generosa trae un vantaggio dall'aiutare il prossimo.
CARLO: Non penso sia un modo corretto di ragionare. Chi aiuta lo fa solo per far felici gli altri.
MARCO: Ma se qualcuno sta male, ti preoccupi, vero?

CARLO: È ovvio, mi dispiace vedere una persona soffrire.

MARCO: Quindi, quando sostieni una persona in difficoltà, dopo, stai bene.

CARLO: Certo, sono contento di ciò che sono riuscito a fare.

MARCO: Voglio cercare di capire. Tu vedi qualcuno che soffre e stai male, quindi, provi ad alleviare il suo malessere. In questo modo tu sei soddisfatto e ti senti bene con te stesso, perché non provi più disagio.

CARLO: In ogni caso, ho aiutato una persona.

MARCO: Concordo con te, però mi pare di capire che, se tu non aiuti quell'individuo, stai male. Quindi, tu non puoi evitare di comportarti così; dare una mano a chi è in difficoltà, allevia un tuo malessere, per cui sei costretto ad aiutare per non soffrire.

CARLO: Il tuo modo di ragionare è cinico. Tendi a semplificare tutto.

MARCO: Non vedo dove sia il problema. Se tu ti senti appagato, per me, va bene così. Mi fa piacere sapere che sei soddisfatto di te stesso.

CARLO: Vorrei farti capire come il tuo modo di pensare sia sbagliato, perché tu pensi solo a te stesso.

MARCO: Tu pensi che io non mi preoccupi per gli altri?

CARLO: Sì, è così!

MARCO: Non angosciarti per me, io sto bene così. Non avverto nessun problema e, forse, il problema è tuo: sei tu a essere dispiaciuto del mio atteggiamento e vorresti che lo cambiassi. Ma come posso farlo se, per me, va bene così?

In questo dialogo Carlo parte dal concetto che una persona altruista si preoccupa per gli altri. Marco sostiene, al contrario, che non si possa definire altruismo l'aiutare gli altri per evitare di provare disagio.

Vediamo i seguenti schemi:

I Schema

1) una persona sta male;

130

2) proviamo disagio;
3) la aiutiamo:
   a. la persona sta meglio, anche noi stiamo meglio;
   b. la persona non sta meglio, noi ci diciamo che abbiamo fatto ciò che potevamo per aiutarla e stiamo meglio.

II Schema

1) una persona sta male;
2) non proviamo disagio;
3) ci fa piacere aiutarla;
4) non ci attendiamo nulla in cambio.

Per noi questo è "l'altruismo" che non sorge dal disagio, ma dal piacere.

Se accettiamo questa asserzione, allora: NON DOBBIAMO FARE NOSTRI I PROBLEMI ALTRUI. In ogni situazione, dobbiamo saper distinguere tra i nostri problemi e quelli degli altri. Se poi ci fa piacere, possiamo anche aiutare gli altri a risolverli, ricordandoci sempre, però, che sono "loro" e non nostri.

L'INVIDIA

Quando qualcuno ha successo nel lavoro o nei rapporti interpersonali, proviamo risentimento nei suoi confronti. Probabilmente, è perché vorremmo essere al suo posto e aver raggiunto gli obiettivi che ha conseguito. Riteniamo di avere abilità uguali o superiori, ma lui è stato fortunato e noi no, lui non ha scrupoli e noi, invece, sì. Riusciamo a trovare molti pretesti per giustificare il suo successo e il nostro "fallimento".

L'INVIDIA E IL LAVORO

Marco è a cena con Aldo, un amico che non vede da otto anni. Hanno frequentato insieme l'università, dopodiché Aldo si è trasferito, per lavoro, in un'altra città.

MARCO: Mi stavi raccontando del tuo lavoro, che non sta andando molto bene.

ALDO: Infatti, è proprio andato male ma, nelle grosse industrie, succede spesso.

MARCO: Non ti piaceva?

ALDO: Il mio incarico mi piaceva, era l'ambiente che non mi andava a genio.

MARCO: In che senso non ti piaceva l'ambiente?

ALDO: Non penso tu possa capire, visto che non hai mai lavorato in una grossa industria.

MARCO: Allora spiegami, mi interessa l'argomento.

ALDO: Io mi sono sempre impegnato al massimo, però, poi, ho visto altre persone fare una rapida carriera pur impegnandosi molto meno di me.

MARCO: Quindi, ti sei visto superare nella carriera da persone che, secondo te, non valevano molto.

ALDO: Sì, è andata esattamente così, e fa male vedere che c'è chi va avanti nella vita senza meriti personali.

MARCO: Tu ci tenevi ad avere una promozione, vero?

ALDO: Certo! Ci tenevo molto, l'avrei vista come una ricompensa per l'impegno profuso.

MARCO: Ma da quando hai iniziato a lavorare sei rimasto sempre nella stessa azienda?

ALDO: No, sono stato in due ditte diverse, tre anni nella prima e cinque nella seconda.

MARCO: Ti sei trovato male in entrambe?

ALDO: Sì, perché si sono ripetute le stesse situazioni, mi sono visto passare davanti i meno meritevoli.

MARCO: E questo ti fa star male?

ALDO: È ovvio che sia così, in fondo, si lavora per avere dei riconoscimenti. Te lo avevo detto che non avresti capito, perché non hai mai operato nel mondo dell'industria.

MARCO: In questi otto anni, quante sono le persone che hanno fatto più carriera di te?

ALDO: Due nella prima impresa e tre nella seconda. Abbiamo iniziato tutti con lo stesso livello, poi gli altri sono stati promossi, mentre io sono rimasto con la stessa qualifica.

MARCO: Tra quei cinque che ti hanno superato, pensi che qualcuno avesse più abilità di te?

ALDO: Se tu intendi come abilità l'essere ipocrita, allora sì, ne avevano più di me. Io ho sempre svolto il mio lavoro onestamente ma, se notavo qualcosa che non andava bene, lo dicevo chiaramente. A essere onesti si paga in prima persona.

MARCO: Il fatto di non essere riuscito a emergere nel tuo lavoro, ti dà fastidio?

ALDO: Sì, ma è la struttura tipica delle aziende che non permette di farlo.

MARCO: Forse, sarebbe meglio dire che non ha permesso a te di spiccare sugli altri.

ALDO: Non direi così ma, piuttosto, che chi lavora seriamente non riesce a imporsi.

Aldo non è riuscito a raggiungere gli obiettivi che si era prefissato. Per lui, questo, è fonte di grande disagio. Inoltre, si ritrova in un circolo chiuso, poiché, anche cambiando lavoro gli si ripresentano le stesse problematiche.

Vediamo quali errori commette:

1) cognitivi: si valuta un buon lavoratore, sono gli altri che non sanno apprezzare il suo lavoro;
2) emozionali: il non aver raggiunto gli obiettivi che si era prefissato gli suscita rabbia;
3) comportamentali: tende a criticare l'operato altrui.

Il comportamento di Aldo tende a creargli intorno un ambiente ostile. Meno riesce a gestire l'habitat in cui opera, più diventa aggressivo nei confronti dei colleghi che fanno "carriera".

Direi che possiamo tranquillamente prevedere che Aldo non cambierà, in quanto è troppo focalizzato sul comportamento degli altri per poter ravvisare cosa vi sia di sbagliato nel suo.

Quali sono i vantaggi che ci derivano dall'invidia? Nessuno. Ricordiamoci che: CHI INVIDIA NON SI MODIFICA.

Quando proviamo rabbia, non siamo più capaci di discriminare, non riusciamo a individuare i comportamenti positivi altrui e tendiamo a vedere le persone sempre e solo dal lato negativo.

L'INVIDIA E L'AMICA

Marina e Claudia hanno frequentato le scuole superiori insieme. Marina è una ragazza estroversa, con buone abilità sociali, si trova a proprio agio in tutte le situazioni, la invitano sempre alle feste e ha molti ammiratori. Claudia è una ragazza carina, ma ha notevoli difficoltà nel comunicare con gli altri e, quindi, tende ad autoescludersi dalle situazioni sociali; questo suo comportamento è considerato un "rifiuto" da parte del gruppo e, quindi, più nessuno la invita o le telefona.

All'inizio del liceo le due ragazze si incontrano spesso, studiano insieme e si confidano l'un l'altra. È sempre Marina a iniziare i loro dialoghi, ed è lei che si "apre", mentre l'amica ascolta. Passano gli anni e Claudia si emargina sempre di più, dedica molto tempo allo studio e a scuola è tra le migliori. La scuola la gratifica, ma solo in parte; vede l'amica che, pur andando bene a scuola, ha molti interessi e molti amici. Tra le due, i rapporti si diradano. Marina ormai ha difficoltà a confidarsi con Claudia e, quando ci prova, l'amica non risponde o cerca di evitarla. La loro conversazione, quindi, mantiene un tono puramente formale: parlano solo della scuola. Claudia prova rancore nei confronti della compagna e pensa: "Sino a quando le ho fatto comodo mi frequentava, ora che ha molti amici, si fa vedere raramente; sarebbe meglio mettere fine a questa pseudo amicizia".

Vediamo un tipico dialogo tra le due ragazze.

MARINA: Questa mattina sei andata molto bene nell'interrogazione di matematica.

CLAUDIA: Sì, avevo studiato molto. (Claudia lascia cadere il discorso).

MARINA: Sono sicura che tu lo abbia fatto, ti impegni sempre molto in tutte le materie.

CLAUDIA: Sai, quando non si ha altro da fare... (Diventa colpevolizzante, lasciando intendere: visto che tu mi trascuri... etc....).

MARINA: Ma io ti ho invitato tante volte a venire alle feste con me, sei tu che non hai mai voluto partecipare.

CLAUDIA: Dimmi, cosa venivo a fare? Appena arrivavamo, tu cominciavi a parlare con tutti e io mi ritrovavo sempre da sola. (Claudia continua nella colpevolizzazione).

MARINA: Io ci vado perché mi fa piacere ritrovare i miei amici e conoscere gente nuova.

CLAUDIA: Per te è sempre tutto facile. Quando arrivi a un ricevimento tutti ti vengono incontro per salutarti, mentre sono sempre io a dover andare a salutare gli altri, e questo mi dà molto fastidio.

MARINA: Non capisco il problema, se ti fa piacere andare a parlare con qualcuno, vai a salutarlo.

Tra Marina e Claudia sono frequenti simili conversazioni e, alla fine, Claudia si convince sempre più che Marina non è un'amica. Ma, anche in questo caso, è lei che soffre: è infastidita dal successo della compagna e, quindi, prova a colpevolizzarla per modificarne il comportamento sociale.

Claudia non presta attenzione alle proprie disabilità, anche se sono proprio queste a crearle disagio. È focalizzata solo sui successi sociali dell'amica. Quindi: CHI PENSA A SÉ STESSO NON HA TEMPO DI PREOCCUPARSI PER I SUCCESSI ALTRUI.

L'INVIDIA E LA MACCHINA

Marco sta passeggiando con Aldo e, lungo la strada, osservano, parcheggiata, un'automobile lussuosa.

ALDO: Hai visto quella macchina? Appartiene a un negoziante di salumi. Ha aperto una catena di negozi e, in pochi anni, è diventato ricco. È una persona totalmente priva di cultura, è solo un arricchito.

MARCO: E questa cosa ti dà fastidio?

ALDO: Sì, perché sembra che, nella vita, solo chi specula sugli altri, chi è più "furbo" faccia fortuna. Non si prendono in considerazione altri valori.

MARCO: Quali altri valori?

ALDO: L'istruzione, l'intelligenza. Ho l'impressione che conti soltanto la ricchezza.

MARCO: E questo ti disturba, vero?

ALDO: Molto, e non capisco come mai non infastidisca te; tu fai un lavoro che non ti ha certo reso né ricco, né famoso.

MARCO: Diventare ricco o famoso non è un mio obiettivo. Faccio un lavoro che mi piace e, per ora, mi va bene così. Magari, in futuro, avrò voglia di cambiare per avere nuovi interessi e nuovi stimoli ma, adesso, non mi pongo il problema. Invece, quale vantaggio hai tu nell'arrabbiarti con il salumiere? Nessuno, penso.

ALDO: No, è vero, non ho nessun vantaggio, mi irrita soltanto.

MARCO: Probabilmente lui, quando ha iniziato il proprio mestiere, si è prefissato di raggiungere alcuni obiettivi che, nel suo caso, potevano essere quelli di ampliare l'attività e, di conseguenza, guadagnare di più. Molti commercianti vorrebbero raggiungerli, ma non tutti sono in grado di farlo. Devi ammettere che è stato bravo. Anche se, per me, non è necessario che ci sia uno scopo da conseguire, ci si può anche accontentare di ciò che si ha per stare bene.

ALDO: Dei miei obiettivi abbiamo già parlato: avrei voluto emergere sul lavoro ma, eventi esterni, non me l'hanno permesso. Ho studiato anni e anni, e con quali prospettive? Poi, un semplice salumiere diventa ricco in poco tempo... È proprio un mondo che non capisco! Come non capisco la tua affermazione sul fatto che si può star bene anche accontentandosi. Se fosse così, non ci sarebbe mai una spinta verso il progresso.

MARCO: Vedi Aldo, alcuni anni fa è morto mio zio Antonio. Fin da ragazzino ero contento quando andavo a trovarlo e passavamo interi pomeriggi a giocare a scacchi. Con lui stavo veramente bene, perché era soddisfatto della propria vita. Come lavoro faceva il litografo ed era molto bravo. Un suo amico, molto influente, vedendo i suoi lavori, gli propose di trasferirsi in un'altra città a lavorare per una certa azienda, dove le sue abilità sarebbero state molto apprezzate e, inoltre, avrebbe guadagnato molto di più. Lo zio Antonio rispose: "Io amo la mia città, mi piace andare a pescare nei fiumi che conosco e cercare funghi nei boschi: tutto questo mi basta".

IL RANCORE

Il rancore è un comportamento aggressivo che non si manifesta con "attacchi" diretti, ma tramite una "rabbia" non espressa. In ogni caso, chi lo prova, sta male, anche perché è un'emozione che può perdurare nel tempo.
Quindi, ci possiamo domandare: a cosa serve provare rancore se ci crea solo disagio?
È particolarmente difficile non provarlo, soprattutto quando subiamo una persona, quando abbiamo erroneamente riposto la nostra fiducia in qualcuno, quando vorremmo che una persona cambiasse il suo comportamento etc.

IL MARITO SILENZIOSO

Il marito diventava taciturno e scontroso ogni volta che la moglie non si comportava come lui si sarebbe aspettato. I suoi silenzi potevano durare anche per alcuni giorni. Così facendo, sperava che la donna comprendesse i propri errori e modificasse il suo modo di fare. Erano sposati da dodici anni.
Vediamo una classica situazione che può scatenare il silenzio da parte del marito.
MOGLIE: Vorrei spostare la credenza e tu devi aiutarmi; sono convinta che starebbe meglio vicino alla finestra.
MARITO: Ma a me piace dov'è ora e non vedo la necessità di spostarla.
MOGLIE: Proviamo, e poi decidiamo se va bene.
MARITO: Finisce sempre che si fa come vuoi tu!

Il marito aiuta la moglie, ma è arrabbiato con lei, perché è convinto di subire un'imposizione. Svolge il compito senza interesse né voglia. Il suo comportamento non verbale denuncia un netto rifiuto. Fa movimenti bruschi, sbuffa e si lamenta. La donna, invece, è tranquilla e non mostra insofferenza, perché sa che, spesso, lui si comporta così.

MOGLIE: Adesso che l'abbiamo spostata, cosa ne pensi? A me sembra che lì stia molto meglio.

MARITO: Se piace a te, va bene.

Dicendo queste parole, l'uomo si allontana, senza neppure guardare il mobile. Dopodiché, non parla con la moglie per un giorno intero.

Il suo rancore si manifesta con un silenzio colpevolizzante. Per tutto il tempo prova rabbia verso la signora e, quindi, sta male, mentre lei continua, tranquillamente, a fare i propri lavori.

Il marito ha commesso alcuni errori:

1) ritenere che la moglie avrebbe dovuto accettare immediatamente la sua decisione: "a me piace dov'è";
2) credere di aver subito una "violenza" da parte della moglie;
3) non accettare il "punto di vista" della donna e, quindi, non essere disponibile a modificare la propria opinione.

Siccome pensa che la moglie debba essere "punita" per come si è comporta, e prova "astio" nei suoi confronti, diventa taciturno, sperando, così, di farla sentire in colpa e, quindi, di modificarla. Sembra assurdo che ci si possa irritare per una situazione di così scarsa rilevanza ma, spesso, un semplice evento che riteniamo di aver "subìto", può innescare in noi del risentimento.

Il marito, pur essendo un individuo tendenzialmente colpevolizzante è, comunque, dotato di una certa autoironia e afferma: "A volte, dopo non aver più parlato con mia moglie per un giorno, capita che mi sia dimenticato la ragione della mia rabbia. Però continuo a tacere, poiché, se ho iniziato a farlo, doveva esserci un buon motivo". Dicendo queste parole, ironizza sul suo stile di comportamento, che, secondo lui, ha appreso dalla madre. Da giovane, infatti, quando non si comportava come voleva lei, sua madre non gli rivolgeva più la parola per lungo tempo.

IL RANCORE E L'AMICO

Abbiamo iniziato un lavoro che ci è stato richiesto. Dopo circa sei mesi, ci rendiamo conto che abbiamo bisogno di un coadiutore a cui affidarne una parte. Ci rivolgiamo a un amico che sappiamo competente e in possesso di una buona esperienza; lo presentiamo a chi ci ha commissionato l'incarico e iniziamo la collaborazione. Lui si dimostra molto abile e risolve parecchi problemi operativi. Trascorsi altri sei mesi, la collaborazione si è rivelata proficua. Il committente è molto soddisfatto e, quindi, decide di contattarlo direttamente per il proseguimento dei lavori. Noi veniamo a conoscenza di questo accordo dopo che lo stesso è stato stipulato. Noi, ovviamente, ne siamo esclusi.

Vediamo due possibili risposte a questa situazione.

La prima può essere di rancore e rabbia nei confronti dell'amico.

La seconda, senza risentimento, può anche risultare un'utile occasione di apprendimento.

Vi sembrerà difficile emettere la seconda risposta, quando un amico ha "tradito" la vostra fiducia, ma chiediamoci se la prima può esserci di qualche utilità. L'unico risultato che si ottiene è quello di star male e, quindi, diventa difficile prendere decisioni valide.

Vediamo una sequenza di pensieri che ci porta a provare rancore:

1) sono io che gli ho offerto quel lavoro e gli ho presentato il committente;
2) l'amico stipula contratti diretti con l'altra parte senza consultarmi;
3) io non mi sarei mai comportato in questo modo, non è un comportamento da amico;
4) non me lo sarei mai aspettato da parte sua;
5) non voglio più avere nulla a che fare con lui.

Osserviamo ora una nuova sequenza:

1) l'amico è molto competente nel suo lavoro;
2) ciò che mi infastidisce è l'accordo che ha preso senza consultarmi.

Poniamoci alcune domande:

- come posso evitare che questa situazione si ripeta in futuro?
- posso avere bisogno di lui, o di persone come lui, in futuro?

Se per la nostra attività, solitamente, ci avvaliamo di collaboratori, dobbiamo fare in modo che tale situazione non si ripeta, quindi, cosa conviene fare? Semplicemente, stipulare un accordo scritto con il nostro eventuale assistente, in cui sarà messo in chiaro che lui non potrà prendere accordi diretti con chi ha commissionato il lavoro.

Non dobbiamo provare rabbia o rancore nei confronti dell'amico, ma dobbiamo continuare a considerarlo come una persona valida e competente; siamo noi che abbiamo sbagliato non stabilendo accordi precisi.

Dobbiamo, quindi, evitare di dirci frasi tipo:

- io non mi sarei mai comportato così;
- non mi aspettavo questo da un amico.

Come abbiamo già visto in altri casi, l'errore commesso sta nel concentrare l'attenzione sugli altri, attribuendo loro la causa del nostro disagio.

IL SALUTO

CARLO: Mi sembra di averti già parlato del mio amico Giorgio che, ormai, frequento da un paio di anni. Bene! Amici comuni mi hanno riferito che, durante una cena, mi ha violentemente criticato, dicendo che non sono una persona degna di fiducia.

MARCO: Mi dispiace che si sia creata questa situazione. Hai poi chiarito con lui?

CARLO: Cosa c'è da chiarire? Si è comportato in modo scorretto nei miei confronti, quindi, per me, la nostra amicizia è finita. Se lo incontrerò per strada, eviterò persino di salutarlo.

MARCO: Sei molto arrabbiato con il tuo amico?

CARLO: Mi sembra ovvio provare rabbia nei confronti di qualcuno che si comporta così.

MARCO: Scusa, ma tu ti basi su quello che ti hanno riferito degli amici comuni.

CARLO: Penso che possa bastare.

143

MARCO: Quindi, adesso, quando ripensi a lui stai male e provi rancore nei suoi confronti...

CARLO: Non dire assurdità; avrei voluto vedere come ti saresti comportato tu al mio posto.

MARCO: In effetti mi è successo qualcosa di simile ma, in quel caso, ero io l'accusato di aver "parlato male" di un comune conoscente. Un pomeriggio incontro un'amica che mi chiede se frequento ancora Sandro, un componente della nostra compagnia. Un tempo lo vedevo assiduamente, in quanto facevamo attività sportiva insieme. Le rispondo che, non avendo più molti interessi comuni, ci si vedeva più raramente. Alcuni giorni dopo incontro Sandro che mi chiede spiegazioni, in quanto l'amica gli ha riferito che io non lo frequento più perché non lo trovo interessante. Sono molto sorpreso di ciò ma poi, ripensandoci, ho capito che la mia frase: "non avendo più interessi comuni, ci si vede più raramente", è stata parafrasata in: "non lo vedo più, perché non mi interessa".

CARLO: Ma, in questo frangente, è stata la tua amica a fraintendere quanto avevi detto, il mio caso è diverso.

MARCO: Può darsi, in ogni caso, se Sandro avesse deciso di non volermi più parlare, io non sarei venuto a conoscenza di ciò che era successo.

CARLO: Ma se tu avessi realmente detto alla tua amica che non lo frequentavi più perché non lo trovavi interessante, cosa sarebbe successo?

MARCO: Sandro sarebbe comunque venuto a parlare con me, e io gli avrei spiegato perché non lo "trovavo interessante".

Il rancore può dipendere dalla "paura del giudizio".

Vediamo il seguente schema:

1) una persona ci critica (nel caso di Carlo la critica è indiretta);
2) quando ce la riferiscono, proviamo immediatamente disagio;

3) ci irritiamo con chi ci ha, indirettamente, giudicati;
4) proviamo risentimento nei suoi confronti ed evitiamo di parlargli.

Dobbiamo essere in grado di accettare i giudizi altrui e valutare se possono esserci utili, ma "siamo solo noi a giudicare il nostro comportamento".

L'INTERPRETAZIONE

È particolarmente difficile essere "obiettivi" con sé stessi in particolari situazioni perché abbiamo tutti la tendenza a interpretare.

Una coppia, marito e moglie, sono miei clienti e il loro rapporto è particolarmente "teso". Entrambi mi descrivono, separatamente, la stessa situazione.

La donna racconta: "Ieri sera sono andata a letto prima di mio marito, mentre lui continuava a guardare la televisione. Ero nel dormiveglia quando lui è venuto a letto. Mi si è avvicinato e io, involontariamente, l'ho urtato con una gamba. A quel punto si è alzato con rabbia ed è ritornato a guardare la televisione. Così facendo è riuscito a svegliarmi del tutto".

L'uomo riferisce: "Ieri sera mia moglie è andata a letto prima di me e, poco dopo, l'ho raggiunta. Mi rendo conto che non è addormentata e, allora, mi avvicino ma lei, di proposito, mi dà un forte calcio. Ho capito chiaramente che non mi voleva vicino e, quindi, mi sono alzato e sono ritornato a guardare la televisione".

I due coniugi non discutono tra loro dell'episodio accaduto la sera precedente ma, parlandone in seduta, emerge palesemente un reciproco rancore. Ognuno dà la propria versione; la moglie è arrabbiata con lui per la sua scarsa "sensibilità", mente l'uomo ritiene che lei gli abbia fatto, volutamente, uno sgarbo. Se vogliamo capire chi abbia ragione, rischiamo di perdere il nostro tempo. Tra i due si è creata una situazione di tensione tale che trovano impossibile comunicare tra di loro. Così facendo, ognuno tende a "interpretare" e, qualunque comportamento emesso dall'altro, viene decodificato come una "voluta" aggressione. Riassumendo, in queste situazioni si individua:

1) attenzione selettiva nel cogliere i comportamenti negativi dell'altro;
2) interpretazione del comportamento e attivazione di pensieri tipo: "Si comporta così solo per farmi star male";
3) astio nei confronti dell'altro;
4) assenza di dialogo e, quindi, di possibili chiarimenti;
5) incremento di attenzione selettiva verso gli aspetti negativi dell'altro;
6) convalida della propria ipotesi, cioè: "Continua a comportarsi così per farmi soffrire".

Come possiamo vedere, si è instaurato un circolo vizioso interpretazione-rancore-interpretazione, e tutto ciò impedisce che si giunga a un reciproco chiarimento.

Sulla base dello schema precedente, i due coniugi hanno individuato gli "errori" che non permettevano loro di interagire in modo corretto e hanno appreso:

1) a chiarire immediatamente i loro problemi;
2) a "indirizzare" l'attenzione sugli aspetti positivi dell'altro e a evitare le critiche manipolative.

IL SOSPETTO

Qualcuno telefona a una donna sposata affermando: "So che suo marito ha un'amante, controlli e vedrà". La signora chiede con chi sta parlando e l'interlocutore si definisce un "amico". Come possiamo comportarci con il nostro *partner*? Possiamo agire in diversi modi, vediamone alcuni:

1) non gli riferisco nulla;
2) non gli riferisco nulla, ma cerco di controllarlo;
3) non gli riferisco nulla, ma incarico qualcuno affinché lo controlli;
4) ne parlo con lui per scoprire se ha qualcosa da "nascondermi";
5) ne parlo con le amiche per avere qualche consiglio;
6) ne parlo con lui solo per informarlo della telefonata ricevuta;
7) ne parlo con lui, perché mi consigli come rispondere se, eventualmente, richiamassero;
8) ne parlo con lui, perché voglio sentirmi dire che non c'è nulla di vero.

Quale comportamento sceglireste?
Tra le varie possibilità, personalmente, sceglierei la n. 6, oppure la n. 7, prendendo in considerazione il consiglio per un'eventuale futura telefonata. Facendo una scelta di questo tipo, però, è necessario:

- non ripensare alla telefonata ricevuta;
- non farsi assalire dai dubbi;

- accettare la risposta del marito.

È anche possibile scegliere la soluzione n. 1, qualora non si tenga in alcun conto la telefonata ricevuta.

Se abbiamo dubbi, siamo costretti a sceglierne altre, in quanto il dubbio è sempre accompagnato dal disagio che, in questo caso, può essere indotto dal possesso o dall'orgoglio.

IL SACRIFICIO E IL PIACERE

Rinunciare a un nostro progetto per accontentare un familiare. Continuare il lavoro del padre perché è quello che lui desidera. Rinunciare a un nostro hobby per far felice il nostro *partner*. Questi possono essere alcuni esempi di sacrificio. Il sacrificio significa rinunciare a qualcosa, che per noi è importante, a favore di un altro. Sacrificarsi può essere una derivazione del "dover essere" una buona moglie, un buon figlio o un buon amico. Ad esempio, nel caso della buona moglie vuol dire: le mie esigenze vengono sempre dopo quelle dei miei figli e di mio marito.

Ma se il dovere o il sacrificio ci creano malessere, perché continuiamo a emettere questi comportamenti?

Il sacrificio può essere un piacere? Ma se lo fosse non dovrebbe farci soffrire.

IL DOVERE DI DARE

CARLO: È molto difficile avere dei veri amici. Spesso, dopo un po' di tempo, ti accorgi che non sei corrisposto.

MARCO: Cosa intendi per non essere corrisposto?

CARLO: Sarà capitato anche a te di dare molto a un amico e avere ben poco in cambio, non sei d'accordo?

MARCO: Sì, può capitare ma, nel tuo caso, cosa è successo?

CARLO: Da alcuni mesi lavoro con un collega che consideravo un amico. Quando lo vedevo in difficoltà cercavo sempre di aiutarlo; a volte mi fermavo in ufficio, oltre l'orario, per dargli una mano a terminare alcune sue "pratiche". Bene, due giorni fa

149

gli ho chiesto di aiutarmi a ultimare un lavoro, ma lui mi ha risposto di non avere tempo e se ne è andato.

MARCO: Era il tuo collega che ti chiedeva di fermarti ad aiutarlo?

CARLO: A volte ero io a offrirmi, altre, era lui a chiedermelo.

MARCO: Lo hai fatto anche quando non ne avevi voglia o avevi qualche impegno più importante?

CARLO: Più di una volta, pur non avendone voglia. Una sera non mi sentivo bene, ma mi sono fermato in ufficio per altre due ore.

MARCO: Ma se non ne avevi voglia, chi ti ha costretto a farlo?

CARLO: Nessuno, ma mi pare un comportamento normale aiutare un amico in difficoltà.

MARCO: Quindi, siccome consideravi quel collega un amico, ritenevi fosse un tuo dovere aiutarlo, è così?

CARLO: Sì, in un rapporto di amicizia bisogna comportarsi così.

MARCO: Io la penso in maniera diversa. Prima mi hai domandato se mi fosse mai capitato di "dare" molto a un amico; mi è difficile darti una risposta, poiché non ho mai valutato quanto ho dato a qualcuno in termini di costo-beneficio; se ho dato era perché avevo voglia e piacere di farlo. Io non uso mai i termini obbligo o dovere nei confronti di un amico; se lo facessi, tenderei ad aspettarmi qualcosa in cambio per ciò che ho offerto e dare senza avere nulla in cambio mi farebbe star male. Quindi, se ho "dato" 100 è perché avevo voglia di farlo, e se l'amico mi ha "restituito" 10 io ho "guadagnato" 110, invece, nella tua ottica, io sarei ancora in "credito" di 90.

Il comportamento di Carlo è frequente, ma tende a creare delle aspettative. Vediamo alcuni suoi errori:

1) l'amicizia implica dei doveri;
2) è un dovere "dare" a un amico;
3) a un amico non si può rifiutare nulla;

150

4) ci si aspetta che l'altro si comporti nello stesso modo con noi;
5) se ciò non succede, vuol dire che l'altro non è un vero amico;
6) in questo caso, è un mio diritto porre fine al rapporto.

Quindi, nei rapporti interpersonali: NON DIRE: IO TI HO DATO.

CURARE IL PROPRIO ASPETTO

Avete mai provato a seguire una dieta? Può essere difficile. Siete mai andati in palestra per tenervi in forma? Può essere noioso.

Seguire una dieta o esercitarsi in palestra può costituire un notevole sacrificio. Ma può anche trasformarsi in piacere?

Incontro un amico che non vedo da alcuni mesi e lo trovo ulteriormente ingrassato per cui gli dico: "Secondo me dovresti perdere qualche chilo". Lui mi risponde: "Hai ragione, sono di nuovo ingrassato. Ti ricordi com'ero in forma alcuni anni fa? Ora ho 20 chili di troppo. Ho già provato diverse diete, perdo alcuni chili che, però, riprendo rapidamente; ho anche provato a fare un po' di attività sportiva, ma questa mi stimola maggiormente l'appetito. Sì, dovrei proprio fare qualcosa per dimagrire".

"Ci hai già provato, ma trovi troppo difficile seguire qualunque tipo di dieta".

"Sì, è vero, per me è un sacrificio controllarmi, non trovo una sufficiente motivazione. Quando ero scapolo prestavo maggior attenzione al mio aspetto, anche perché essere obeso non è certamente il miglior biglietto da visita con l'altro sesso. Dovrei trovare qualche stimolo esterno che mi solleciti a mantenermi in forma. Hai qualche consiglio da darmi?"

"Tu parli di stimoli esterni per mantenerti in forma, ma quali stimoli intendi?"

"Potrebbe essere una compagna o, forse, un lavoro più interessante del mio; in ogni caso, per me, non è facile trovare il tempo per andare in palestra, e seguire una dieta è difficile perché, spesso, sono fuori casa per lavoro".

Per il mio amico è difficile mantenersi in forma e i motivi sono i seguenti:

1) fare una dieta è un sacrificio;
2) andare in palestra è un sacrificio;
3) cerca qualche stimolo esterno che lo induca a mantenersi in forma;
4) tende ad autogiustificare la propria mancanza di motivazione.

Non vi sarebbe alcun problema se si accettasse così com'è ma, invece, non è soddisfatto del proprio aspetto e vorrebbe essere fisicamente più prestante.

Il suo modo di ragionare è il seguente:

1) per me, mantenermi in forma è difficile e faticoso;
2) la mia fatica dovrebbe essere premiata da gratificazioni che provengono dall'esterno;
3) in mancanza di "stimoli esterni" è inutile che mi mantenga in forma.

In questo modo, si instaura un circolo vizioso da cui è difficile uscire. In questo caso, l'attenzione dovrebbe essere focalizzata su sé stessi e non sugli altri. Se decidiamo di voler migliorare il nostro aspetto fisico, lo dobbiamo fare solo per noi stessi. Siamo noi che ci autogratifichiamo osservando i risultati che, progressivamente, otteniamo seguendo una dieta e andando in palestra. Quindi, il sacrificio non è più tale, in quanto diventa un piacere osservare i traguardi raggiunti. Quando si raggiunge un buon stato di efficienza fisica, diventa quasi automatico mantenerlo, perché si crea la seguente sequenza:

1) ci si sente perfettamente in forma;
2) si desidera mantenere questo "stato";
3) se ci si trascura fisicamente si prova una sensazione di disagio;
4) lo si riduce riprendendosi cura di sé stessi.

Nella cura del proprio aspetto, come in ogni situazione della vita, non si possono conseguire risultati senza pagare dei costi, sta a noi decidere se farlo o meno ma, in ogni caso, non giustifichiamo la nostra non operatività.

Dipende da noi sviluppare "il piacere di piacersi".

L'IMMAGINE

Vediamo i casi di Gianni e Marta.

Gianni è un uomo di 32 anni, veste in modo elegante e ricercato, ha una bella macchina e frequenta persone "importanti". Tende ad apparire un uomo sicuro di sé.

Marta ha 28 anni, è dimessa nel vestire, non desidera "mettersi in mostra" e risponde solo quando è interpellata direttamente. Il suo viso è sempre sorridente e appare estremamente dolce e accondiscendente.

Cosa può legare due persone che, all'apparenza, sembrerebbero così diverse tra loro? Entrambi cercano, attraverso il modo di vestire o di parlare, di creare un'immagine di sé stesse. Questo è un comportamento abituale in tutti noi, ma può diventare fonte di disagio?

Gianni vuole apparire come uomo "arrivato" e, per fare ciò, studia il comportamento delle persone che ritiene importanti, cercando di farlo proprio. Lui divide le persone in due categorie: "importanti" e "non importanti".

Se gli domandiamo quali sono, per lui, le prime, questa è la sua risposta: "Sono coloro che hanno raggiunto un elevato stato economico e sociale". Gianni cerca di frequentare questo tipo di persone, vuole apprendere ed essere accettato da loro. Il loro giudizio, per lui, diventa fondamentale, mentre non prende in considerazione coloro che ritiene non influenti, anzi, tende a valutarli negativamente.

Ma lui ha davvero "piacere" nel comportarsi in questo modo? O la soddisfazione gli deriva esclusivamente dall'approvazione altrui?

Vediamo il seguente schema:

1) Gianni vuole apparire;
2) è rilevante il giudizio delle persone importanti;
3) ha bisogno della loro approvazione;
4) ottiene la loro approvazione e ne è gratificato.

Nel caso in cui non ottenesse il loro consenso, avvertirebbe disagio e, quindi, dovrebbe trovare comportamenti alternativi per farsi accettare.

Come illustrato in questo schema, il piacere gli deriva dall'approvazione ottenuta. É ben diverso dirsi: "Mi fa piacere stare con quelle persone" dal "É importante, per me, stare con quelle persone".

Tra la situazione di Gianni e quella di Marta, vi possono essere analogie. Anche Marta vuole apparire, deve mantenere la propria immagine di persona educata, rispettosa e accondiscendente. In famiglia le hanno sempre detto che è bene non "mostrarsi troppo". La sua famiglia è benestante e, quindi, lei potrebbe permettersi molte gratificazioni quali viaggi, vestiti, gioielli, etc. Ma non lo fa perché, altrimenti, si "metterebbe in mostra". Le hanno insegnato a evitare tutto ciò che può essere considerato frivolo.

Possiamo vedere, dal seguente schema, come il comportamento di Marta sia simile a quello di Gianni:

1) Marta non vuole apparire;
2) è importante il giudizio dei genitori;
3) deve ottenere la loro approvazione;
4) la ottiene e ne è gratificata.

Quindi, sia Gianni che Marta devono comportarsi in un determinato modo per poter ottenere l'approvazione altrui e, solo in questo modo, possono evitare di provare disagio.

IL BISOGNO

Una persona cara ci deve lasciare per alcune settimane e noi proviamo ansia; siamo a casa, da soli, e vorremmo essere in compagnia di amici. Come abbiamo già visto precedentemente, spesso, emettiamo alcuni comportamenti solo per sottrarci a una situazione di malessere.

Analizziamo un altro dialogo tra Marco e Carlo.

CARLO: È da alcuni mesi che non ci vediamo e ho saputo che adesso convivi con Anna. Come mai hai preso questa decisione, non pensavo che tu volessi legarti così a lei.

MARCO: Con lei mi trovo bene. È una donna autonoma e indipendente, tra noi si è stabilito un rapporto di reciproco rispetto e stima e nessuno dei due cerca di prevaricare sull'altro.

CARLO: Ma tu continui ad avere molti interessi che ti portano fuori casa, anche di sera, come prima?

MARCO: Sì, certo, non è cambiato nulla in maniera rilevante.

CARLO: Scusa, ma non capisco. Qual è il motivo che ti ha spinto a convivere con Anna, se poi, continui a comportarti come prima?

MARCO: Non capisco perché dovrei cambiare, se a me va bene così.

CARLO: Ma va bene anche a lei? Probabilmente, starai a casa, una o due volte alla settimana.

MARCO: Mi conosce, sa come sono fatto e mi accetta. Ovviamente, anch'io rispetto le sue scelte.

CARLO: Quindi, anche lei esce spesso da sola alla sera?

MARCO: Lo fa un po' meno di me, circa due o tre volte a settimana.

CARLO: La cosa non ti infastidisce?

MARCO: Un po' di tempo fa Anna stava preparandosi per uscire e io ho avvertito un certo fastidio. Le ho detto che stare a casa da solo mi annoiava e lei ha risposto: "Se ti annoi a rimanere a casa da solo, possiamo programmare le nostre uscite in modo che coincidano e, quindi, quando sarai a casa, ci sarò anch'io". Le ho chiesto se anche a lei dava noia quando io ero fuori, ma lei ha detto che stava bene da sola. Ho capito che iniziavo ad aver bisogno di Anna e che la sua assenza mi procurava ansia.

CARLO: Come ti sei comportato?

MARCO: Mi sono detto che il nostro rapporto deve essere basato sul piacere di stare insieme e non sul bisogno. Le sere in cui sapevo che sarebbe uscita, io mi gratificavo guardando una serie TV o un film che mi piaceva particolarmente. Dovevo imparare a stare a casa da solo e a starci bene. Dopo un po' di tempo, non ho più avuto bisogno di farlo.

CARLO: Ma non era più semplice chiederle di rimanere a casa?

MARCO: Forse sì, ma poi sarebbe stato difficile capire se stavo con lei per il piacere della sua compagnia o perché non ero in grado di rimanere a casa da solo.

Marco ritiene che un rapporto sia più solido quando è basato sul piacere reciproco e non sui bisogni di una delle parti. Si considera una persona "indipendente", quindi, nella scelta della *partner* tiene in considerazione il suo modo di "essere", ovvero, preferisce una donna "autonoma" che non dipenda da lui.

Il suo modo di ragionare è il seguente:

1) Se la mia *partner* è condizionata da me, mi procura ansia
2) Potrei evitarlo in due modi: cercando di modificare lei o me stesso.

Marco rifiuta entrambe le soluzioni, per i seguenti motivi:

1) se tenterà di modificare la compagna significa che la vuole diversa da come è. E se anche cambiasse, lo farà nel modo in cui desidera lui? Ma, soprattutto, è corretto voler modificare una persona?
2) se proverà a cambiare sé stesso, dovrà sacrificarsi e impegnarsi molto. Si aspetterà, quindi, che la fidanzata capisca che lo sta facendo per lei.

Marco non valuta valida nessuna delle due opzioni, la sua *partner* non deve chiedergli alcun impegno.

LA MODIFICAZIONE
DEL COMPORTAMENTO

Abbiamo già potuto constatare come sia possibile modificare il nostro comportamento non verbale (vedi la comunicazione assertiva). Ovviamente, il possedere queste abilità non è sufficiente per stabilire buoni rapporti interpersonali o per non avvertire disagio nelle innumerevoli situazioni che, quotidianamente, dobbiamo affrontare. Ricordiamoci anche che, quando emettiamo un determinato comportamento, dobbiamo sempre tener presente l'interazione tra i sistemi motorio, fisiologico-emozionale e cognitivo.

Per attuare una modificazione comportamentale, che tenda a consolidarsi sempre di più, è necessario intervenire su tutti e tre i sistemi.

Possiamo sviluppare alcune abilità verbali e non verbali e continuare, comunque, a provare fastidio quando ci sentiamo giudicati. Magari sappiamo utilizzare correttamente alcune tecniche verbali, quali l'annebbiamento o l'inchiesta negativa ma, quando una persona critica il nostro operato, ci arrabbiamo lo stesso.

Se ci poniamo di fronte a uno specchio e ci osserviamo, individuiamo rapidamente se siamo aumentati di peso o se la nostra cravatta è adeguata all'abito che indossiamo. In entrambi i casi, possiamo rimediare. Ma, anche in questi casi, non è detto che si riesca a riconoscere il cambiamento avvenuto nel nostro corpo o l'abbinamento errato nel nostro abbigliamento. L'essere in grado di discriminare, cioè, di cogliere un particolare dall'insieme, può dipendere, in larga misura, dalle nostre passate esperienze e, di conseguenza, dall'attenzione selettiva che poniamo su un preciso particolare.

Se decidiamo di modificare il nostro comportamento, dobbiamo analizzarci attentamente, identificare gli aspetti in cui siamo particolarmente carenti e, quindi, intervenire. Come possiamo procedere? In ogni situazione affrontata vi è sempre un prima, un durante e un dopo. Se ci rendiamo conto che, in una di queste fasi, ci sentiamo a disagio, abbiamo già individuato un aspetto da modificare.

Ma in questo modo non c'è il rischio di trasformarsi in una sorta di automa? Nel modificarci non si perde in spontaneità? In realtà, quanto maggiori sono le abilità o i comportamenti che siamo in grado di padroneggiare, meglio riusciamo a gestirci nei più svariati contesti. Se, inoltre, accettiamo l'assunto che non "dobbiamo star male", ne consegue che, a un maggior controllo sulle nostre capacità, corrisponderà un minore disagio. Se un individuo possiede un bagaglio comportamentale ridotto, avrà, a propria disposizione, poche risposte da emettere.

Una persona che, in uno specifico contesto, dà sempre la stessa risposta, perché non ha le capacità per fornirne altre, è forse più "autonoma" di chi, nella medesima situazione, può dare risposte più variegate? Al contrario, più siamo in grado di emetterne, più siamo spontanei. Ovviamente, per esserlo totalmente, dovremmo essere privi di condizionamenti ma, come abbiamo visto, ciò non è possibile.

Gli eventi che accadono nella nostra vita ci trasformano continuamente e, spesso, questa trasformazione la subiamo passivamente. Un evento drammatico, quale può essere la morte di una persona cara, ci può far cambiare rapidamente. Ma se il cambiamento è un processo attivo, dobbiamo essere noi ad attuarlo costantemente e a essere sempre disponibili ad apprendere.

INIZIAMO A MODIFICARCI

Solitamente tendiamo a dire "proviamo a modificarci", ma sarebbe meglio evitare di usare il termine "proviamo". Se vogliamo imparare a guidare l'automobile, cominciamo a frequentare una Scuola Guida e si presume che, al termine delle lezioni, saremo in grado di guidare. Le prime volte sarà difficile ma, successivamente, la guida diventerà automatica. In questo caso non abbiamo "provato" a guidare, ma abbiamo "imparato" a guidare. Quindi, o emettiamo comportamenti o non li emettiamo: provare a emetterli non serve a nulla.

Dirsi: "proverò", rischia di rimanere un'intenzione che non si è concretizzerà mai in comportamenti manifesti.

INDIVIDUIAMO IL NOSTRO STILE
DI COMPORTAMENTO

Abbiamo visto come il comportamento sociale può essere suddiviso in:
- *comportamento passivo;*
- *comportamento aggressivo;*
- *comportamento assertivo.*

Siamo *passivi* se:

1) subiamo gli altri;
2) abbiamo difficoltà nell'inoltrare o nel rifiutare richieste;
3) abbiamo difficoltà nel fare o accettare complimenti e nel comunicare agli altri i nostri sentimenti;
4) abbiamo bisogno dell'approvazione altrui;

5) dipendiamo dal giudizio altrui;
6) abbiamo, spesso, paura di sbagliare;
7) riteniamo che gli altri siano migliori di noi;
8) proviamo disagio alla presenza di persone che non conosciamo bene;
9) abbiamo difficoltà nel prendere decisioni;
10) dopo aver "aggredito" una persona, ci sentiamo in colpa.

Queste sono solo alcune delle problematiche che si possono presentare nei rapporti interpersonali. In ogni caso, non è detto che, per essere considerati passivi, sia necessario possedere tutti questi aspetti deficitari. Ne bastano anche solo tre o quattro!

Siamo *aggressivi* se:

1) vogliamo che gli altri si comportino come fa piacere a noi;
2) non modifichiamo la nostra opinione su qualcuno o qualcosa;
3) decidiamo per gli altri, senza ascoltare il parere dei diretti interessati;
4) non accettiamo l'idea di poter sbagliare;
5) non chiediamo scusa per un nostro comportamento sbagliato;
6) non ascoltiamo gli altri mentre parlano;
7) interrompiamo, frequentemente, il nostro interlocutore;
8) giudichiamo gli altri e li critichiamo;
9) usiamo strategie colpevolizzanti o inferiorizzanti;
10) ci consideriamo i migliori.

Se crediamo di essere in possesso di tutte queste caratteristiche, beh, di sicuro, non siamo tra le persone più amate! Ma, in questo caso, non ci importerebbe molto, in quanto penseremmo che sono gli altri a sbagliare nel giudicarci!

Siamo *assertivi* se:

1) accettiamo il punto di vista altrui;
2) non giudichiamo;
3) non inferiorizziamo, né colpevolizziamo gli altri;
4) ascoltiamo gli altri, ma decidiamo in modo autonomo;
5) siamo pronti a cambiare la nostra opinione;
6) non permettiamo che ci manipolino;
7) non pretendiamo che gli altri si comportino come fa piacere a noi;
8) ricerchiamo la collaborazione;
9) siamo in grado di comunicare le nostre emozioni o stati d'animo;
10) ci valutiamo in modo adeguato.

È veramente piacevole vivere con una persona assertiva: peccato che ve ne siano poche!

Non è facile determinare il nostro stile di comportamento, poiché, a seconda delle situazioni, possiamo essere passivi, aggressivi o assertivi. È opportuno, almeno all'inizio di un programma di modificazione del comportamento, tenere un diario in cui annotare:

1) situazione in cui ci si è trovati;
2) eventuale disagio provato (valutato, soggettivamente, da 0 a 10, dove 0 indica assenza di disagio e 10 il massimo disagio);
3) quale tipo di comportamento è stato emesso;
4) quale tipo di comportamento avrebbe dovuto essere emesso.

Dopo un breve periodo di auto osservazione, dovremmo essere in grado di individuare la nostra linea comportamentale.

Vediamo alcuni esempi:

1. Un amico ci contraddice;
2. Avvertiamo disagio (valutato 3);
3a. Guardiamo il nostro amico con aria di sufficienza, inclinando il capo da un lato e atteggiando il viso a lieve sorriso;
3b. Stiamo pensando: «Sta dicendo le solite stupidaggini»;
3c. Ci rivolgiamo all'amico, in tono ironico: «Sarebbe bene che ti informassi prima di parlare!»

Come avremmo dovuto comportarci?

1. Un amico ci contraddice;
2. Ci diciamo: «È un suo diritto esprimere la propria opinione»;
3. Gli rispondiamo: «Capisco il tuo modo di pensare, ma il mio è diverso dal tuo».

1. Siamo invitati a una festa a cui parteciperanno molte persone che non conosciamo.
2. Arrivati al party, cerchiamo alcuni amici e li troviamo mentre stanno parlando con persone che, per noi, sono sconosciute.
3. Proviamo disagio (valutato 6).
4. Vorremmo andare via e ci diciamo: «Non devo più trovarmi in una situazione simile, parteciperò solo a ricevimenti in cui conosco bene tutti gli invitati».
5. Ci isoliamo in una angolo della sala.

Come avremmo dovuto comportarci?

1. Siamo invitati...
2. Arrivati al party...

3. Ci inseriamo nel gruppo di persone, pur avvertendo disagio;
4. Osserviamo attentamente i loro visi e prestiamo attenzione ai discorsi che si stanno svolgendo;
5. Quando avvertiamo una riduzione del disagio, iniziamo a conversare.

Nel primo caso, siamo aggressivi e lo dimostriamo sia con la mimica facciale che con il comportamento verbale; nel secondo caso, abbiamo una carenza di abilità sociali, propria delle persone passive, e tendiamo a evitare le situazioni che sono, per noi, fonte di ansia.

Quindi, come primo passo, dobbiamo individuare il nostro stile di comportamento e l'eventuale disagio che deriva da determinate situazioni in cui ci veniamo a trovare.

INDIVIDUIAMO LO STILE DI COMPORTAMENTO ALTRUI

Esaminiamo con attenzione l'atteggiamento di coloro con cui interagiamo, quotidianamente, per capirne lo stile. Quando riconosciamo i comportamenti altrui, possiamo iniziare a discriminare gli aspetti verbali e non verbali che emette il nostro interlocutore. Siccome per poterli individuare è necessario non avvertire un forte disagio, iniziamo a farlo in contesti che, per noi, risultano meno ansiogeni.

Vediamo alcuni esempi di comportamenti verbali, tentando di individuarne lo stile:

1. Un amico arriva in ritardo a un appuntamento e lo rimproveriamo: "Io, per arrivare puntuale, ho interrotto un lavoro importante!"
2. Un amico ci restituisce un libro che gli abbiamo prestato e, quando lo sfogliamo, ci accorgiamo che è tutto sottolineato. Non lo rimproveriamo.
3. Abbiamo un appuntamento, siamo già in ritardo e nostra moglie deve ancora truccarsi per uscire. La riprendiamo: "Sembra quasi che tu lo faccia apposta, siamo in ritardo e tu sei ancora lì a truccarti".
4. Stiamo facendo manovra per parcheggiare l'automobile, quando ne sopraggiunge un'altra che va a occupare il nostro posto. Noi affermiamo: "Non è possibile che non si sia accorto che stavo per parcheggiare!"
5. Siamo al cinema. Vicino a noi, alcuni ragazzi iniziano a parlare fra loro, disturbando. Noi tacciamo e cambiamo posto.

Questi sono esempi semplici, da cui è facile desumere le varie tipologie di comportamento. Sono aggressivi quelli corrispondenti ai numeri 1, 3 e 4, mentre sono passivi il 2 e il 5. Adesso, provate a trasformarli in assertivi. Non ho voglia di riportare qui le risposte assertive corrette (sto esercitandomi a emettere comportamenti assertivi)!

Quando ci sentiamo in grado di discriminare i comportamenti, sia nostri che altrui, dobbiamo valutare se sia opportuno modificarci, ricordandoci che il processo deve essere lento, ma costante.

Per cambiare è sufficiente intervenire sui nostri comportamenti verbali e non verbali?

Quando riteniamo che una persona ci abbia fatto un affronto o siamo provocati da qualcuno, pensiamo di poterci controllare senza attivare risposte emozionali?

Vediamo il seguente schema:

1. riteniamo che una persona ci abbia fatto un affronto;
2. la incontriamo;
3. attiviamo risposte emozionali negative;
4. ci diciamo che dobbiamo emettere un comportamento assertivo;
5. nell'emetterlo siamo tesi;
6. le frasi che pronunciamo sono formalmente assertive, ma non moduliamo bene il tono della voce e non controlliamo la nostra mimica;
7. le frasi enunciate non hanno un effetto immediato sul nostro interlocutore;
8. l'interlocutore ci critica;
9. non siamo più in grado di controllare le nostre risposte emozionali;
10. diveniamo aggressivi o passivi.

Come abbiamo spiegato in precedenza, ogni comportamento ha un prima, un durante e un dopo. Nell'esempio sopra descritto, dalla seconda alla decima fase si descrive il comportamento durante l'interazione. In questo caso, però, è importante esaminare il "prima". Crediamo di aver subìto un torto e che qualcuno si sia comportato in modo poco corretto nei nostri confronti. Questo è un errore cognitivo, che può sviluppare in noi un senso di frustrazione o di rabbia verso quel particolare individuo. Ma irritarci può esserci di qualche utilità? No, serve solo a star male e, se stiamo male, la colpa è solo nostra, quindi, dobbiamo cambiare modo di agire. Nella precedente sequenza possiamo individuare alcuni errori cognitivi che non permettono di emettere un comportamento assertivo:

1) "Gli altri devono comportarsi come noi ci attendiamo" (Aspettativa).
2) "Non dobbiamo mai subire un affronto, è in gioco la nostra dignità" (Orgoglio).
3) "Una persona che non si comporta come ci aspettiamo, dev'essere giudicata in modo negativo" (Giudizio).

In questa situazione, se vogliamo comportarci in modo assertivo, dobbiamo smantellare ciò che vi è di negativo nel nostro modo di pensare, quindi, non dobbiamo provare orgoglio, né giudicare, né crearci aspettative.

Ovviamente, è difficile modificare alcuni aspetti del nostro comportamento in breve tempo ma, se decidiamo di farlo, dovremo esercitarci a individuare i nostri errori cognitivi.

L'ANALISI DELLE ASSUNZIONI

APPRENDIAMO DAL NOSTRO PASSATO

Esaminiamo il comportamento che abbiamo tenuto in passato e rispondiamo alle seguenti domande:

1) Non si sono realizzate alcune aspettative che mi ero creato: ne ho sofferto?
2) Mi aspettavo che gli altri si comportassero come volevo io?
3) Mi è capitato di arrabbiarmi perché non accettavo il comportamento degli altri?
4) Sono stato male e ho attribuito il mio disagio al modo di agire altrui?
5) Ho accettato l'eventuale "ambiguità" dell'atteggiamento di qualcuno che si comportava con me in un modo "diverso" da come si rapportava con gli altri?
6) Ho posto domande e non sono stato soddisfatto dalle risposte?
7) Ho creato false aspettative ad altri?
8) Sono stato rimproverato per aver fornito errate informazioni e, quindi, creato false aspettative?
9) Non sono stato in grado di rifiutare per paura di "offendere" qualcuno?
10) Ho pensato: "Mi sta dicendo queste parole ma, in realtà, pensa diversamente".
11) Ho attribuito molta importanza a qualcuno o a qualcosa e, non avendolo ottenuto o avendolo perso, sono stato male?

Individuiamo, nel nostro passato, due tipi di situazioni:

1) quelle in cui abbiamo creato disagio;
2) quelle in cui noi abbiamo avvertito disagio. Dobbiamo "agganciare" a ogni situazione l'affermazione che riteniamo più adeguata.

Le asserzioni corrette, inerenti all'aspettativa, possono essere:

1) "Non aspettarsi che gli altri si comportino come vogliamo noi".
2) "Gli altri non sono da cambiare".
3) "Non dobbiamo star male" e "Se stiamo male, la colpa è solo nostra".
4) "Non creare false aspettative".
5) "Tutti subiamo la pressione ambientale".
6) "Non fare domande se non si sanno accettare le risposte".
7) "È un diritto degli altri fare richieste, ma è un nostro diritto rifiutare".
8) "Non interpretare".
9) "Tutto è importante, ma non lo deve essere troppo".

Ora effettuiamo "l'aggancio" tra la situazione e le nuove asserzioni.
Situazione-Asserzioni

1 → 3-9
2 → 1-2
3 → 2
4 → 3-1
5 → 5
6 → 6
7 → 4
8 → 4
9 → 7
10 → 8
11 → 3-9

Questa è solo una proposta di "aggancio", ma è possibile individuarne altre come, del resto, è possibile elaborare altre affermazioni; ricordiamoci che non vi è nulla di assoluto.

Esaminiamo, ora, altre possibili situazioni del nostro passato:

1) Ho sofferto per un giudizio negativo espresso nei miei confronti?
2) Mi sono sentito a disagio di fronte a una persona che reputavo importante?
3) Ho fatto apprezzamenti negativi su qualcuno?
4) Ho dato errate informazioni su di me per essere giudicato positivamente?
5) Non ho raggiunto un obiettivo che mi ero prefissato e mi sono detto: "Non ho sufficiente volontà"?
6) Mi sono arrabbiato con qualcuno ritenendo che, se si fosse maggiormente applicato, avrebbe conseguito migliori risultati?
7) Ho reagito in maniera inadeguata a una determinata situazione, ma mi sono autogiustificato attribuendo la colpa al comportamento altrui?
8) Mi sono posto domande, pur sapendo di non essere in grado di dare risposte adeguate?
9) Ho sminuito il valore di un altro per apparire migliore?
10) Mi sono attribuito il diritto di giudicare ciò che fosse bene o male per un altro?
11) Ho anticipato negativamente una mia prestazione?
12) Ritengo di dover essere l'unica persona importante per il mio *partner*?
13) Ho provato dolore quando qualcuno, che reputavo importante nella mia vita, mi ha lasciato?
14) Provo rancore nei confronti del mio ex *partner* sapendolo soddisfatto del suo nuovo rapporto?
15) Ho dato a qualcuno dell'egoista perché non si è comportato come volevo io?

16) Mi sono preoccupato troppo per un problema altrui, pur sapendo di non poter fare nulla per aiutarlo?

17) Mi sono irritato vedendo i successi (economici o sentimentali) di un amico?

18) Ho ritenuto, o ritengo, che i successi altrui, spesso, dipendano dalla fortuna o da un modo di comportarsi scorretto?

19) Ho provato rancore nei confronti di un amico e mi sono detto: "Non avrebbe dovuto comportarsi così con me?"

20) Non soddisfatto dall'atteggiamento di qualcuno, gli ho mai detto: "Io con te mi sono sempre comportato in modo diverso?"

21) Ho mai detto o pensato: "io mi sono sempre sacrificato per te, e cosa ho avuto in cambio"?

Per ogni situazione "agganciamo" le affermazioni corrispondenti. Le ho suddivise in settori, ma tali distinzioni sono puramente formali, in quanto, alcune, possono passare da un settore all'altro. Precedentemente abbiamo citato nove affermazioni che rientrano nel settore dell'Aspettativa, ma che possono anche essere impiegate nelle altre situazioni sopra elencate.

Ora, vediamone altre:

Giudizio

10) "Solo noi abbiamo il diritto di giudicare il nostro comportamento".

11) "Tutti sono importanti, ma non troppo".

12) "Non è un nostro diritto giudicare gli altri".

13) "Non dobbiamo dimostrare agli altri di valere".

Volontà

14) "Non attribuirsi e non attribuire agli altri mancanza di volontà".

15) "Non autogiustificare il proprio comportamento".

Orgoglio

16) "Possiamo porci solo domande a cui possiamo dare risposte".
17) "Non svalutare gli altri allo scopo di apparire i migliori".

Errore

18) "Non è nostro diritto affermare: "So cosa è bene o male per te".
19) "Non anticipare negativamente".

Possesso

20) "Non abbiamo il diritto di possedere nessuno".
21) "Possiamo contare solo su noi stessi".
22) "Il possesso equivale a soffrire".
23) "Devi essere contento del bene altrui".

Egoismo

24) "Non dobbiamo fare nostri i problemi altrui".

Invidia

25) "Chi invidia non si modifica".
26) "Chi pensa a sé stesso non ha tempo di preoccuparsi per i successi altrui".

27) Non dire: "Io ti ho dato".

Accettare queste affermazioni, per alcuni di noi, può risultare difficile, ma quelle che dobbiamo elaborare hanno l'obiettivo di far diminuire il nostro malessere. Dobbiamo ricordarci, tuttavia, che, per poterlo ridurre, dobbiamo affrontarlo. Ad esempio, se dobbiamo parlare in pubblico e avvertiamo ansia, possiamo limitarla "evitando" la situazione. Questo comportamento, però, non è confacente al raggiungimento dello scopo finale, ovvero, parlare di fronte a un gruppo di persone. Solo quando non proviamo più disagio, siamo liberi di scegliere se affrontare o meno l'uditorio. In questo caso, siamo noi a decidere, non è la nostra ansia a farlo per noi.

Accettare queste premesse, ad alcuni, può sembrare una mancanza di coinvolgimento negli eventi, un vivere passivamente, senza emozioni. Dobbiamo pensare, al contrario, che questo possa trasformarsi in un punto di partenza per vivere al meglio la propria vita e, quindi, ottenere maggiori gratificazioni.

Come possiamo trascorrere una piacevole serata con gli amici, se temiamo il loro giudizio o ci sentiamo in obbligo di dimostrare loro quanto valiamo?

Come possiamo continuare a impegnarci per raggiungere un obiettivo quando, in passato, abbiamo sofferto, essendoci creati elevate aspettative che non si sono mai concretizzate?

Alla prima domanda possiamo rispondere che, se vogliamo realmente trarre piacere da una serata trascorsa con amici, è necessario "smantellare" alcuni presupposti errati, quali:

1) "Devo dimostrare di essere il più bravo".
2) "Devo comportarmi nel modo in cui gli altri si aspettano da me, solo così potrò essere accettato".

Alla seconda domanda, la risposta è che, se vogliamo continuare a fare progetti per il nostro futuro e impegnarci attivamente per il raggiungimento di un nostro obiettivo, dobbiamo imparare a gestire la frustrazione derivante dall'insuccesso. Ma, per poterlo fare, è necessario non attribuire troppa importanza ai fatti della vita. Conferire un'elevata rilevanza al conseguimento di un traguardo, può diventare una fonte di grande insoddisfazione, qualora non si riesca nel nostro intento. Se il nostro malessere perdura per molto tempo, diventa difficile reagire con prontezza e impegnarci in nuove attività.

Se per noi è un valore la "qualità della vita", dobbiamo imparare a non soffrire e, quindi, a trarre piacere da tutto ciò che facciamo.

CONCLUSIONE

Come possiamo far veramente nostri gli assunti, che abbiamo riconosciuto razionalmente, e far sì che si trasformino in comportamenti?

Possiamo accettare, a livello di logica, il fatto che non sia corretto pretendere che gli altri si comportino come vogliamo noi. Ma, quando ci troviamo in una determinata situazione, e non approviamo il modo di fare altrui, possiamo emettere due comportamenti:

1) evitare la persona, in quanto il suo atteggiamento, per noi, è fonte di disagio;
2) cercare di modificare il suo modo di agire.

Come vediamo, in entrambi i casi, ci focalizziamo sul comportamento altrui e non sul nostro. In questo caso, è del tutto inutile porsi le seguenti domande:

- "Per quale motivo devo essere io a cambiare, quando è lui/lei a emettere un comportamento sbagliato?"
- "Perché, oltre al fatto che provo disagio, devo essere io a cambiare e, quindi, a pagare i costi maggiori"?

175

ESERCITIAMOCI NELLE SITUAZIONI

Se abbiamo accettato alcune delle asserzioni sopra riportate, è arrivato il momento di trasformarle in comportamenti manifesti e, per raggiungere tale obiettivo, è necessario:

1) aver memorizzato quelle che siamo, razionalmente, in grado di accettare;
2) aver individuato gli atteggiamenti che desideriamo cambiare;
3) iniziare a modificarne solo uno o due per volta;
4) prestare attenzione ai comportamenti da correggere;
5) non aspettarsi risultati a breve termine.

Quando, per anni, abbiamo emesso una sequenza comportamentale e la vogliamo modificare, è fondamentale svolgere su noi stessi un lavoro sistematico e costante. Accettare, razionalmente, alcune asserzioni è solo il punto di partenza.

Ricordiamoci, innanzitutto, che non ci è di alcuna utilità ripeterci:

- "Non riuscirò mai".
- "Non è possibile modificare il mio comportamento: io sono fatto così! È il mio carattere".
- "Queste affermazioni sono sola teoria, la realtà è molto diversa".

Se decidiamo di modificarci, è opportuno esercitarci in situazioni reali. Dobbiamo cercare di abbandonare il vecchio comportamento e iniziare a sostituirlo con il nuovo.

Vediamo un esempio.

Abbiamo individuato in noi la tendenza all'aggressività quando riteniamo di essere stati attaccati. La sequenza comportamentale che vogliamo modificare è la seguente:

1) qualcuno, in presenza di altre persone, critica il nostro operato;
2) proviamo fastidio;
3) ci diciamo: "Ora gli faccio capire chi ha ragione" (stiamo diventando aggressivi);
4) iniziamo ad affrontarlo verbalmente;
5) autogiustifichiamo il nostro comportamento.

Per modificare questa modalità, dobbiamo fermarci al punto 3 e, appena avvertiamo disagio o rabbia, ripeterci: "Non devo dimostrare a nessuno quanto valgo". Inoltre, ricordiamoci di non ricorrere all'autodifesa. Quando il nostro malessere si sarà attenuato, saremo in grado di emettere un comportamento verbale di tipo assertivo.

Esaminiamo, adesso, una sequenza in cui si evidenzia la tendenza a interpretare:

1) invitiamo un amico a cena;
2) lui rifiuta, gentilmente, dicendo: "Mi dispiace ma, a me, uscire di sera, crea problemi";
3) proviamo fastidio;
4) ci diciamo: "Se non viene da me è perché non gli interesso. Non gli pongo altre domande per non metterlo in una situazione imbarazzante";
5) evitiamo di contattarlo, pur avendo desiderio di rivederlo.

In questo caso, l'intervento da effettuare su di noi è relativo al punto 4 e, quindi, dobbiamo imparare a non "interpretare" le parole dell'altro.

Vediamo come utilizzare il dialogo interno per modificare il nostro comportamento.

Quando, in una determinata situazione, avvertiamo l'attivarsi di una risposta emozionale negativa, dobbiamo immediatamente intervenire ripetendoci le asserzioni che riteniamo più idonee a gestirla. Solo una ripetuta pratica ci permetterà di modificare quelle vecchie e sostituirle con le nuove. Quando, finalmente, saremo consapevoli che il nostro nuovo modo di pensare riduce la nostra ansia, potremo dire di averle accettate.

Ricordiamoci che, se esiste malessere, non abbiamo possibilità di scelta.

Quindi la sequenza da porre in atto è la seguente:

1) ridurre il nostro disagio affrontandolo;
2) acquisire nuove abilità comportamentali;
3) decidere la tipologia del nostro comportamento, effettuando una scelta tra quelli che riusciamo a padroneggiare meglio.

Solo quando saremo in grado di prendere decisioni che non derivino dal disagio, potremo essere un po' più "liberi".

Essere assertivi
È POSSIBILE!

Se vuoi approfondire e partecipare ai nostri
Corsi di Assertività online
scansiona il Qr-code qui sotto:

Oppure visita la pagina dedicata tramite il seguente link:
iwatson.com/corsi-assertivita-qr/

Solo per te,
UN CODICE SCONTO
da applicare in fase di acquisto
del Corso di Assertività:

qr- assertivita10

RINGRAZIAMENTI

Ringrazio l'amico Joseph Wolpe per avermi stimolato a scrivere il libro dicendomi: "Visto che ti piace fare il terapeuta comportamentale, scrivi le cose che pensi possano in qualche modo aiutare gli altri".

Ringrazio gli amici: Joannis Buras, Adriano Corao, Achille Delpiano, Aldo Galeazzi, Gianfranco Goldwurm, Fiorenzo Guglieminotti, Paolo Meazzini, Sergio Mottura, Fulvio Richetto, Roberto Sacco, Ely Schaftari, Piero Simondo, Silvano Zamuner. Con tutti loro ho trascorso, spesso bevendo, buona parte della notte, parlando e spesso trattando di argomenti poco "seri".

Ringrazio l'amico Renato Tomba per avermi aiutato nella stesura del libro.

LIBRI PUBBLICATI DA ENRICO ROLLA

RICOMINCIA DA TE
1° Edizione - Anno 2003 - Piero Gribaudi Editore
Questo manuale, di facile consultazione, illustra gli strumenti
e le tecniche più efficaci per superare vari disturbi quali gli attacchi di panico, l'agorafobia, l'ansia sociale e le fobie. Liberi da
condizionamenti, starete meglio con voi stessi e con gli altri.

COSI' NON MI PIACCIO - La terapia dell'umorismo
1° Edizione – Anno 2005 - Piero Gribaudi Editore
Lo scopo di questo libro è sottolineare come l'umorismo e
un atteggiamento positivo siano validi alleati per affrontare e superare le situazioni che generano paura e ansia. Con i programmi
cognitivo comportamentali e il buonumore tornerete a dire: mi
piaccio!

PERDO PESO (in collaborazione con la dott.ssa Maria Vittoria Bossolasco)
1° Edizione - Anno 2006 - Piero Gribaudi Editore
In questo libro non troverete promesse di diete miracolose
ma un metodo improntato sulla Terapia Cognitivo Comportamentale che vi aiuterà a modificare le vostre "cattive" abitudini
alimentari e a raggiungere il vostro obiettivo: perdere peso.

IL PROBLEMA NON È MIO È TUO
1° Edizione - Anno 2006 - SEI (Società Editrice Internazionale) - (10 ristampe)
2° Edizione - Anno 2016 - Istituto Watson Edizioni
Ironia e autoironia sono alla base di questo libro che, con non
pochi consigli "pratici", da risposte a molte domande e insegna

come trasformare le vostre abitudini e i vostri comportamenti in chiave positiva.

MOLLO L'OSSO. COME LIBERARCI DAI GUINZA-GLI INTERIORI

1° Edizione - Anno 2009 con il titolo: La vita secondo Barry: un cane ci guida sulla via della serenità - Gribaudo Edizioni
2° Edizione - Anno 2016 – Istituto Watson Edizioni
Quattro cani che rispecchiano gli atteggiamenti più comuni degli umani. Il protagonista, Barry, li aiuterà a superare gli ostacoli che loro stessi si sono creati, così come voi stessi imparerete a fare per migliorare le vostre relazioni e liberarvi dai vostri "guinzagli interiori".

52 PENSIERI PER VOLERSI BENE

1° Edizione - Anno 2009 - SEI (Società Editrice Internazionale) (10 ristampe)
2° Edizione - Anno 2016 - Istituto Watson Edizioni
Un pensiero a settimana su cui riflettere. Uno strumento semplice per farvi modificare il vostro dialogo interno, per imparare a sorridere di voi stessi e a non prendervi troppo sul serio.

ATTACCHI DI PANICO - Come uscirne

1° Edizione - Anno 2017 - Istituto Watson Edizioni
In questo libro si spiega come la Terapia Cognitivo Comportamentale sia lo strumento più efficace nella battaglia contro gli attacchi di panico. Imparerete le tecniche e le strategie più valide per gestire le crisi d'ansia, vincere le vostre paure e riappropriarvi della vostra vita.

INSONNIA – Il metodo semplice per (ri)addormentarsi in 7 minuti

1° Edizione - Anno 2019 - Gribaudo Edizioni -IF (Idee editoriali Feltrinelli)

Questo libro, sulla base della Terapia Cognitivo Comportamentale, offre la chiave per farvi tornare a dormire sonni sereni e per trasformarvi in "buoni dormitori".

OSSESSIONI E COMPULSIONI - La terapia cognitivo comportamentale in azione
1° Edizione - Anno 2022 - Istituto Watson Edizioni
Questo libro di autoaiuto unisce le tecniche della Terapia Cognitivo Comportamentale alla narrazione di casi, all'ascolto di file audio e alla visione di filmati tramite cui conoscere, valutare, affrontare e imparare a gestire il proprio DOC.